リーダーは
迷うくらいがちょうどいい

中武篤史

みらい PUBLISHING

はじめに

リーダーたちが困る状況

私は長年飲食業界や企業教育業界などで働き、実際の職場での状況や、管理職層の悩みなど、現実的な問題をこれでもかというくらい見てきました。

そのような体験を踏まえつつ、取得した中小企業診断士や社会保険労務士、ファイナンシャルプランナーといった資格を活かして、企業で働く人の様々な困り事を解決できる仕事を志し、12年前に独立し多くの企業を回り、多種多様なテーマでの研修を実施しながら、顧問先企業にも直面する問題の解決に当たっています。

現状、いろいろな企業を見る中では、大手企業については人事制度、労務環境も整い、それに伴う教育体系もしっかりしているところが多いです。さらに、自己啓発の仕組みも網目のように張り巡らされて、自ら学ぼうとする姿勢のある人には、たくさんの機会が与えられています。

その反面中小企業では日々の業務に忙殺され、一日一日与えられている業務をこなすことだけに汲々としている人が多く存在しています。また会社もその人たちを救うための教育を実施してきてはいますが、制度として体系的にはなっておらず、付け焼き刃的に今困っていることだけに、目先の対応をしている場面を多く見かけます。教育内容についても、仕事に直結する専門能力の習得に関する内容に偏っており、企業で働くために標準的に保有する必要のある基礎能力（対話、思考、計画、判断などの能力）の習得にはあまり時間をかけていません。

・人を使ってうまく仕事ができない
・考えを自分で整理できない
・言いたいことをうまく伝えられない
・勘と経験と度胸だけで判断してしまう

などなど、挙げれば切りがありません。

そして、そのような状況が積み重なりながら、リーダー的立場についた人たちが、仕事の上で困る状況となり、悩めるビジネスパーソンが増える遠因になっています。

コンプライアンスの時代

リーダー側から見た困り事だけではありません。企業の経営者や、人事担当役員などからお話を聞く中で、現在のリーダーに対し求めてはいるものの、なかなかうまくいっていない点を困り事として聞かされることがあります。それはコンプライアンスについてです。

多くの会社でコンプライアンス（法令等遵守）が意識されるようになりました。現在は情報化社会であり、コンプライアンスが守られていない会社・組織だと、そのような良くない情報が瞬く間に拡散されてしまい、企業組織のイメージダウンに繋がってしまうからではないでしょうか。そして、そのような状況が自社・自組織のリーダー層から発生してしまうと、その悪いイメージを元に戻すには多くの後ろ向きの労力を必要としてしまい、事業を前に進めていこうとする中で妨げとなってしまうのです。

そういう状況をリーダー層から起こさせないようにするために、企業ではコンプライアンスやハラスメント、人権といった研修・教育を昔よりも頻度多く、密度も濃く取り組むようになってきました。しかし、肝心のリーダー層がその内容について理解レベルにとどまり、実際の言動に問題が残る状況だと、結果は悪いまま残り続けることになるので、会社・組織としても頭の痛い問題です。

実際によくある話を取りあげておきます。

・コンプライアンスを重視するために、社内でコンプライアンス勉強会と称し、市販されているDVDなどを見ながら、検討するワークを数多く重ねていたが、社外との取引きの中で、下請企業を締め付けすぎる案件が発生し、下請法違反で指摘をされている

・ハラスメント研修を年に1回必ず実施し、理解度は一定レベルで上がっていることが確認されているものの、若手社員などから上がってくるハラスメントトラブルの件数は一向に減らず、労働組合からも指摘されている

逆にこんなことも起きている、とのお悩み相談もあります。

・若手中堅社員から、リーダーのちょっとした行動に対し、「それってハラスメントですよね」と声が上がる回数が多くなり、リーダーは若手・中堅社員の問題行動に対し、何の指摘もできなくなっており、組織の統制が崩れかかっている

トレーニングの重要性

そこで働く従業員に、基礎能力の習得に関わるトレーニングが行われていなかったり、研修は受けていても個人のスキルアップに繋がっていなかったりする現状があると、企業や個人の発展性に疑問符が付いてしまいます。そういう状況を憂いているビジネスパーソンもたくさんいることでしょう。スキルアップしたいと考えた場合に必要になってくるのは、トレーニング（訓練、練習）です。スタディ（勉強）ではないのです。

本書を通じて皆さんに提供したいのはトレーニングの機会です。また習得していただきたいビジネス基礎能力は「自己否定力」というものです。それが何なのか？　何に役立つのか？　なぜ必要なのか？　については後述します。この能力を身に付けるためには、トレーニングをすることは当然として、そのトレーニング前の自身の気付きとして他者からのフィードバックを受け、気付きを得ながら進めるというのが最も効果の高い方法です。

しかしその進め方は「研修」というスタイルでしか実施することが難しいものです。そのような研修を受講する機会の少ない、圧倒的多くのビジネスパーソン、特に現在、仕事の中で困っているリーダー的ポジションの方に向け、その能力を何とかして身に付けてもらえる方法がないだろうかと考え、本書を発刊することとしました。

能力を身に付けるためには練習を積み重ねるしかありません。そのため、本書の後半では、その能力の習得を一人でも図れるようにするために、書き込みが可能なワークブック形式としています。

自転車に乗れない人が乗れるようになるために「乗ってコケて、乗ってコケて……」を繰り返すことが必要なように、実際いろんなワークを自身の手や体を動かし、それを書き込んでいくというアウトプットを繰り返すことで、だんだんと自身の能力として習得できるようにしています。騙されたと思って、とにかく考えて、活動して、書く。これを繰り返してみて下さい。

3ヶ月　6ヶ月経ってくると、今回のテーマである「自己否定力」という能力が、一定レベル身に付いていることでしょう。

ビジネス能力を習得する機会が少ない人、どんどん習得したいと考えている人向けに構成した本です。そんな皆さんの能力開発の一助になれば幸いで、そのことが読者の方の人生により良い影響を与えることができれば、こんなに嬉しいことはありません。

中武篤史

リーダーは迷うくらいがちょうどいい〈目　次〉

第1章

リーダーになりたくない症候群

「管理職になりたくない」と言ったのに……

いつ頃からとはっきりは言い切れないのですが、ここ数年、顕著に見られるようになったのが、若手から中堅社員の間で広がってきた「リーダーになりたくない症候群」です。

新型コロナウイルスの蔓延が少し収まるようになってから、オンライン上での研修だけでなく、リアルの研修も戻ってきつつはありますが、そこでよく受講している方々から聞かれるようになったのが、「いや、そこまでしてリーダーになりたいと思っていないのですが」という言葉です。

ついこの前も衝撃的な出来事がありました。新任者の研修などでは、研修の内容に入る前に、会社の役員や上級役職者が、研修の意義について講話を行うケースがよくあります。その講話中にいきなり受講生が挙手し、話し始めたのです。

その内容とは……

「あの、私、管理職になりたくないと言ったのに管理職になり、こういう研修が人事部主催であるから受けてこい、と言われたので今ここに座っているのですが、やはり、管理職にはなる気がなく、お断りしたいのです。どうしても受講せよ、ということでしたら、その役職をお受けする気がないので、会社を辞めようと思います。」と言い出した人がいたのです！　さすがにそのパターンは1回だけでしたが、心の中でそう思っている人はもっといるのでしょう。

等級と賃金からの動機付けが人事制度の基本

ひと昔前の管理職向けの研修であれば、定番ネタとしての言い回しがありました。「早く監督者になるためには○○のような能力を身に付けておく必要がある。より自己を磨いて、それらの能力をどんどん身に付けていって下さい」。

また別の言い回しでは、「○○の能力が身に付いていない状況では、これから会社で求められる役割を果たすことができない。期待に応えられない社員では役職や等級は上がらない。そうなってもよいのか」。

これらの表現は、どの役職や等級にも活用できたものでした。つまり、一般社員向けには、「早く監督者に」と言えばよかったですし、管理職向けには「早く上級役職者に」「早く経営的ポジションに」と言っていれば研修の体としては成立していました。

このような表現を使っておくことで、より自身を高めたい、豊かな生活がしたい、などの理由で、もっと自己の能力向上を図っていかなければならない、と受講している社員の方々に認識を持たせることができたのです。

一般的な人事制度で言えば、その制度の中に「等級制度」や「賃金制度」が組み込まれており、どのようにして等級が上がるかはいろんな考え方があるものの、その等級が上がることで賃金もアップするような仕組みになっているところがほとんどでしょう。つまり、賃金が上がった場合、それに付随する等級もアップすることとなり、求められる役割も変わってくるわけです。

要するに、賃金を上げてより豊かな生活をするためには、上の等級を目指すという動機を社員に持たせ、その動機を利用して、会社の機能を成立させる仕組みこそが人事制度だったのです。そのスタート地点は「賃金の上昇」ありきであり、それは人間の金銭的欲求を活用した動機付けでした。

個を尊重する社会への変化

ところが、ここ最近起きていることとしては、お金という動機よりも、ライフワークバランスを充実させるという点に重点を置く価値観が広がってきています。しかも、そのバランスがよりライフ寄りになると、そこまで必死になって仕事をするより、自身のプライベートを充実させ、自分らしい生き方で人生を全うするという考えとなります。そういう考えを持つ人の割合が増えてきているのです。実際、下図のような統計がありますので確認してみて下さい。

そのような流れになってきている要因としては、「個の権利尊重度合いの拡大」、が挙げられるので

【統計データ】 N=742 名（無作為抽出のビジネスパーソン）

あなたが大切にする日々の活動は？

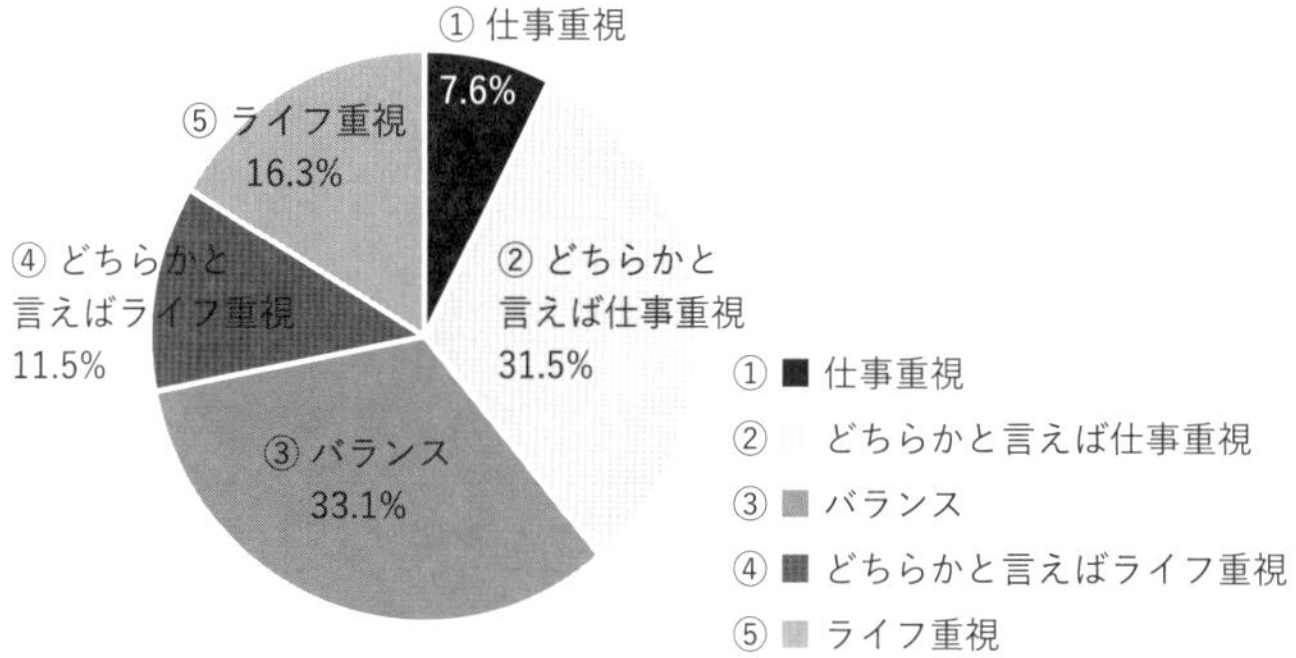

（株式会社ユアコンパス調べ。2022 年度）

はないでしょうか。

ネットやニュースなどを見ると最近よく出てくる単語として、「多様性」や「人権」という言葉があります。さらに「個人情報の保護」も強く言われるようになってきました。いわば、個人の権利をより重視しようという流れです。

以前は情報を持つ側と情報を受ける側とで大きな格差がありました。しかし現代はＳＮＳ全盛時代です。好きな時に、誰でもいつでも持っている情報を発信できるようになっています。すでに現代は情報を持つ側が情報の全体を統制をできる時代ではなくなり、個人主義全盛時代と言ってもいいでしょう。

そのことを認識しないような行動にはリスクがあると把握しておくことが大切でしょう。ここ最近、ビジネスシーンで起きている出来事との関連性をピックアップしてみます。社労士として顧問先企業からご相談いただく内容を挙げてみました。

忘年会

かつては開始時、全員ビールで乾杯！　からのスタートが定番でした。飲めない人もコップに口をつけるふりだけでも、ビールを注ぐ人がほとんどで、わざわざ別の飲み物を注文するケースは少なかったです。今は乾杯前から「わたし、ファジーネーブル！」「俺、ジントニック」「こっちはパインフィズ」のような声が飛び交い、持っているドリンクがバラバラなのは当たり前の状況ですよね。

さらに言えば、その忘年会に参加すらしないということも普通に起きています。先日も相談があった内容ですと、会社に対し、「忘年会の参加は強制ですか？」「これは労働時間ですか？」と問い合わせがあって、「単に社員同士の交流の場を提供したいだけなのに、どうしたらよいか」と頭を抱える経営者からの相談もありました。

〝ちなみに〟

昔なら当たり前だった忘年会の実施も、今の時代は原則自由参加とする必要がありそうです。福利厚生費として経費化したい会社の考えとのアンマッチも起きつつあります。

社員食堂

以前は全員が同じ弁当を食べるところが多く存在していました。私のような外部の人間がその企業を訪問しても、昼食に出てくるのは社員の方が食べるのと同じ弁当であるケースもそれなりに存在していました。また食堂があっても、選べるメニューには限りがありカレー、うどんかそば、ラーメン、決まったランチセット、くらいのところが多かったです。

今はカフェテリア方式を取り入れる会社も多く、メニューも通常のファミレス並に充実しているところもあり、好きなものを選べる時代になっています。健康食を選べるところも増え、社員の健康管理と食事を組み合わせた、福利厚生的要素（＝個の尊重）を意識した取り組みが一般的です。

個にフォーカスした研修の増加

多様性（ダイバーシティ）、キャリア開発、キャリアデザイン、メンタルタフネス、健康経営推進など、個にフォーカスしたセミナーや研修を希望される会社がここ数年急増しています。当社でも引き合い件数が5年前の4倍になっており、全体的人事制度による外からの動機付けではなく、個人ごとに動機付けを考える時代になってきています。

相次ぐ法改正による労働者の権利拡大

個の尊重が言われるようになったと同時に、

・働き方改革関連法の成立による時間外労働の上限設定

・有休取得年５日の実質義務化
・育休取得率アップの働きかけ

など、働く人にやさしい制度が数多く導入されてきています。戦後日本は労働しなければ生活が立ちいかないという時代背景から、いわゆる36（サブロク）協定があれば、実質無限に残業ができてしまう時代がありました。

しかし、１９６２年にＩＬＯ（国際労働機関）からの第１１６号勧告（＝週40時間労働への勧告）があり、それまで日本が実施していた原則週48時間制から週40時間制への移行がスタートしました。その取り組みは１９９７年（平成９年）に終了し、今では週40時間労働制に完全に移行されています。

少し古い話ですが、１９８８年（昭和63年）に流行した栄養ドリンク剤のＣＭ「24時間戦えますか？『勇気のしるし』」。今、この歌を管理職がカラオケで歌えば、まずアウトですね。

当時は円高が進み、世界に進出する企業が続出する中で、日本時間だけで働くのではなく、世界は動いているから、その時間も戦いは続くと考える人が多く、このＣＭは共感を得たわけですが、現代ではアンマッチな印象が拭えません。

時短の流れは今も続いており、２０１９年（平成31年）からは「働き方改革関連法」が成立し、時間外労働の上限規制がかかるようになりました。臨時的な特別の事情があって労使が合意する場合でも、年720時間以内、複数月平均80時間以内（休日労働を含む）、月100時間未満（休日労働を含む）に労働時間を押さえないといけなくなりました。

また、有給休暇に関しても、全ての企業で、年10日以上の年次有給休暇が付与される労働者に対して、年次有給休暇の日数のうち年5日については、使用者が時季を指定して取得させることが必要となりました。

そのような法改正が行われている流れもあり、現場では以下のようなことが起きています。

①研修を受けている途中で「時短なので」などの理由で途中退席する人が増えています。（2022年度当社実績で、受講生の0．9％が研修中、途中退席）

②顧問先企業でも、有給休暇の利用を従業員側から求められることが多く、取得させようと奮闘されている企業からの相談（例：どのように取らせるのがよいか？　労働力の低下をどうすればよいか？　など）が2021年との比較で約7倍に増えています。以前は有給休暇をとることは難しい雰囲気がありましたが、人手不足もあり、有給休暇の取得状況を気にする就職希望者も増えていることから、対応が求められるケースが増えています。

③育児休業に関しても、直近1年から2年で言えば、管理職研修で受講者からのヒアリングを行うと、部下が育児休暇を取得している、と話す人が会場の中に3～5名程度はいるパター

ンが多くなっています。

【参考統計データ】

育児休業取得率の推移

	1996年度	2021年度
女性	49.1%	85.1%
男性	0.12%	13.97%

（厚生労働省：令和3年度雇用均等基本調査より抜粋）

④残業の依頼について、同じく管理職研修で受講者からのヒアリングでは、頼んでも断ってくる社員が一定数出てきている、という声が出るようになっています。会社の就業規則に何と書いてあるかにもよるのでしょうが、現実的に起きていることであり、職場のリーダーも対応に苦慮していることがうかがえます。

Z世代、さとり世代の増加

「Z世代」とは1990年代後半から2010年ごろにかけて生まれた世代と言われています。また、Z世代と同じような表現で「ゆとり世代」、その後半を「さとり世代」という言葉もあります。その世代の方がリーダーとなり本書を手に取っていることもあるかもしれませんし、その世代と一緒に仕事をしているリーダーもいることでしょう。

最近、管理職向けに研修を実施していると、質問が出るのが「Z世代とうまくやれない、どうしたらいいか？」というものです。

Z世代には特徴があります。

・地位、金銭への執着が薄い
・ギグ（短い時間）思考、スペシャリスト思考
・デジタルネイティブ
・SNS多用
・コスパ、タイパ思考（時間への意識は高い）

・上意下達否定、仲間関係肯定
・出る杭になりたくない（過度な自己主張はしない）
・失敗したくない（失敗は無駄）
・恥をかきたくない、怒られたくない

これを見て、どう感じますか。地位や金銭で動機付けをしているつもりの企業側でしょうが、それはあまり響きません。「早くリーダーになって、給料を稼いで、いい車買って……」的な話をしても、効果が弱いのです。

「がつがつ残業して給料を稼いで会社に貢献して、役職を上げようよ」などという声掛けも的外れっぽいです。それなら早く家に帰って「YouTube観たい」、「映画を観たい」、「友達と遊びに行きたい」という感覚です。

「チャレンジして、失敗して成長しよう」的な話も、「なんでそんなしんどい思いをしないといけないの？」と思ってしまうのでしょうし、失敗などしようものなら、恥ずかしい思いをするので、それなら無難な線でやっておこう、となってきます。

「リーダーになる」＝出る杭になることなので、会社が是非に、と言うならなってあげてもいいけど、わざわざ自分から手を挙げて、リーダーになろう、という意識は薄そうです。

ここまで読んでみていかがでしょうか。実際にZ世代の皆さんにとっては、「あ、そうそう、そんな感じ」と思うことも多いでしょうし、Z世代のメンバーと一緒に仕事をしているリーダーから見れば、「何それ?!」との驚きもあることでしょう。

当然、そういう状況ですから、そもそもリーダーになろうという人そのものが減ってきているわけです。「なりたくはないけど、どうしてもというなら、仕方なくなってあげてもいいよ」という感覚の人が増えていることは認識しておきたいものです。

３６０度評価で「アメちゃん上司」が出現

社員の評価の仕組みも変わってきていています。「評価は上司がするもの」という概念を取り払い、職場の中での関係性を重視する企業が増えており、３６０度評価制度を導入する企業もあります。上司だけでは気付けないことを、他の人たちの評価で補完することで、本人の評価に対する納得度を高め、企業への信頼感の向上にも結び付けやすくなるメリットがあります。さらに元々は上司だけが部下を見て評価することから上司の負担も強かった中、３６０度評価を実施することで、その負荷を分散するメリットもあります。

しかし、逆に部下からの評価を高めたいために、煙たがられるようなことを言うのを避け、嫌がられないように行動する上司が増えてきているのです。

実際に360度評価を導入している企業で起きている事例を挙げておきます。

① 大阪の某飲食企業では、部下に対し事あるごとにアメやアイスを配って、ご機嫌取りを行い、部下からの自身の評価が下がらないよう、涙ぐましい努力をしているケースがあります。アメばかり与える上司ですので、「アメちゃん上司」ですね。

② 評価者研修などを行う前のヒアリングの中で、企業側から上がってくる要望として、部下の評価を甘く付けすぎる管理職が多く、このいわゆる「寛大化傾向」を是正したい、との相談が5年前と比較して約3倍になっています。部下の評価を甘く付けることで、自身の評価も甘く付けてほしいという裏の狙いが見え隠れしますね。

人手不足感の拡大

研修などで、メーカー系の企業に行くと、２０１９年頃までは「理系の学生が採用しにくい」、という声は少し出ていましたが、人手が足りないとか、採用に苦しんでいるという話はあまり聞きませんでした。困り事と言えば、団塊の世代の人が定年で職場からどんどんいなくなり、その人たちが持っていた技術の継承がうまく進んでいないという話の方が主軸になっていました。

サービス業系の企業に行った時には、昔から人手が足りないと話す人が多くいたものの、コロナの時期に一度その困り事は収まっていました。

しかし、新型コロナウイルス蔓延の状況が一段落した２０２２年頃から、メーカー、サービス業問わず人がいなくて困っている、という話が研修内での受講生の会話からたくさん聞こえてくるようになりました。相談事も

・今いる人たちを辞めさせないようにするためにどうすればよいか
・部下との関係性を良くするためにどのような関わり方がよいか

という質問が多数寄せられる状況が継続しています。

さらに言えば、大企業でも若手社員の離職という話が聞こえてくるようになりました。「若手社員の離職」というキーワードは、中小企業特有の悩み事でしたが、中小企業だけとも言えなくなってきています。今のビジネスリーダーが育ってきた時代よりもはるかに、若手社員をどう抱え、どう育てていくかという難題への対処が求められる状況です。

管理職もプレイヤーの一人

ひと昔前の管理職と言えば、椅子に偉そうに座り、部下の社員に対し「あれしろ！」「これやれ！」と大きな声で指示をするようなイメージでした。実際、テレビドラマなどで出てくる上級役職者などは、総じてそのように演じられるケースが多いことから見てもよく分かります。

しかし現在、多くの企業で起きている働き方は、そのようなものではなく、実際に自身の業務を抱えながら、仕事や人のマネジメントをも行う「プレイングマネジャー」のスタイルが多くなっています。このスタイルが増えている理由は三つあると見ています。

①等級数や階層数のフラット化による、仕事や役割の兼務化
②団塊の世代の大量離職による管理職層の不足
③単純な人件費削減策の一環としての対応

理由は何であれ、実際に自身の業務を抱えたまま、マネジメントも求められる状況が発生しています。それに加えて前述した通り、労働時間に時間外労働の上限が設定されるようになったことや、労働行政からの長時間労働に対する指摘や指導の強化なども相まって、一般労働者である部下に対し、長時間の残業をさせることが難しい状況です。

しかし、仕事の総量そのものは減っておらず、むしろ人手不足も重なって1人当たりの仕事量が増えている職場も多いようです。そういったことから、積み残しが発生した仕事を誰かがやるしかない状況となり、時間外労働という概念のない管理職が夜遅くまで残ってその仕事をさばいているなどということが起きているケースも見受けられ、その管理職から、働き方についての悩み相談を受けることもあります。

・自身の業務が許容量を超えている
・時間外労働にも制限があり部下にその仕事をさせることも難しい
・人員不足も重なり対応が難しい

管理職層が抱える悩みはますます増加の一方です。

ここまで見てきて、管理監督をする側であるビジネスリーダーにとって、以前よりもはるかに難しい仕事の進め方を求められてきていることがよく分かります。

・個人重視の考え方（それが悪いと言っているのではありません）
・人手不足
・労働法制運用の厳格化
・自身も業務を保有する中での業務時間不足　など

特に右記一つ目の「個人重視の考え方」については、個を大切にする人たちが職場に一定数いる中、その人たちを束ねて同じ目的に向かうため方向観を統一し、組織運営を行う必要のあるリーダーとしての取り組みは、以前よりも難易度が上がっていると言っても過言ではありません。

そのような状況の中で、管理職、リーダーという立場になり、給与が少し上がるメリットはあるものの、組織を取りまとめて仕事をしていこうとするモチベーションを持つことはなかなか難しく、わざわざしんどい、辛い思いをしてまで管理職、リーダーになって活躍したいとまでは思わない、と考える人が増えるのも理解できる状況です。

そのようにリーダーになりたくないと思ってる人たちと一緒に、もうすでに管理監督者として活躍しているビジネスリーダーは、仕事を進めていかないといけない、難しい立場であると言えるのです。

【自身の気付きチェック】

Q1：あなたの職場ではリーダーになりたくない人はいますか？（いそうですか？）○で囲んで下さい。

いる　・　いそう　・　いない　・　何とも言えない

Q2―①：Q1で「いる・いそう」との答えだった場合、その人に対しどんな関わり方が有効と考えて接するようにしていますか。左ページの記入欄に三つほどあげてみましょう。

Q2—②：Q1で「いない・何とも言えない」との答えだった場合、そのような人が身近に出てきたら、どのような関わり方で接した方がよいと考えていますか。下の記入欄に三つほどあげてみましょう。

Q3：Q2—①・②で考えた内容が上手くいかないなら、どんなことが考えられますか。二つほどあげてみましょう。

Q２－①または②（以下に三つほどあげてみましょう）

1.
2.
3.

Q３（以下に二つほどあげてみましょう）

1.
2.

第2章

こんなリーダーでは、部下も会社も困る

第1章では、実際の現場で起きている、リーダーを取り巻く環境を確認し、
①リーダー自体が仕事をしにくくなってきている現状の理解
②リーダーの仕事そのものに魅力が薄く、実際、周りの人からもそのような立場になりたくない

と思われる現状の理解を行ってきました。

リーダーとして大変な仕事をされ、日々ご活動されている読者の皆さんに心から敬意を表したいと思います。


そのような方々の心の疲れに塩を塗るわけではありませんが、第2章では今のビジネスシーンでは疎まれる、「こんな上司が存在している」という事例についてお知らせし、ご自身がそのような状況になっていないか、確認をしてもらえればと思います。

これから紹介する事例に当てはまるような行動をしているようですと、今後のビジネスの中での活躍はなかなか難しいものとなってくることが推察されますので、ご自身のことを客観的にクールな心で見る意識でお読み下さい。

他者の意見を聞かず、一方的に話をしていないか?!

ひと目見た感じでは、話し上手で、言葉も明瞭、リーダーシップもありそうに見えるのですが、実際の職場では考え方に柔軟性がなく、中期的には成果を生み出しにくいリーダーとも言えるでしょう。そのようなリーダーが取っている行動を見ていくと以下のようなことが見受けられます。

聞きべた

自分で話すのは得意なのですが、相手の話を聞いて受け答えすることがうまくできません。そのような状況を放置すると部下からの報告や相談が上がって来にくくなり、結果として職場全体の把握がうまくできていないリーダーとなってしまいます。それはすなわち、仕事がうまく進められないリーダーというレッテルを貼られる原因となってしまいます。

話が長い

延々と自分の考えを話し続けます。人が一方的に話を聞ける上限は3分ほどと言われることが多いのですが、それを大幅に超え、10分、30分と話し続けてしまうのです。その話の進め方で、話がきちんと伝わればよいのですが、話が長いということは、結果として論点がボケる原因となってしまい、結局何が言いたいのかよく分からないということになりかねません。また、聞いてる側の部下の仕事への意欲を低下させる原因ともなり、中期的な職場の能率低下にも繋がる原因ともなってしまいます。

もっと言えば、話している本人も時間を食いつぶすことになり、結果として仕事をする時間も減るため、誰も得することになりません。

理詰め

部下から何らかの提案などが上がってきた際、その問題点を指摘し、相手が答えられなくなるまで質問を投げかけるリーダーがいます。その瞬間、リーダーとしては自分の考えが優れていることをしっかり部下に認識させることができた、と思うのかもしれませんが、部下から見ればそのように関わってくる上司に対し、どんどん提言を投げかけていこうという意欲は下がってしまいます。また理詰めで言いくるめることができたとしても、部下の心の中までは納得させることができていないことが多く、会社やリーダー本人に対する忠誠度が下がってしまう要因ともなりかねません。

自信がありすぎて物事を一面的に捉えていないか?!

今、リーダーとして活躍できるポジションにいるのは、仕事の中である一定レベルの成功を収めたから、という一面もあると思われます。もちろん、年功序列的に自動的にリーダーとなってしまった人もいるかもしれませんが、組織が職場の1セクションを任せる人を選ぶ際には、その人に任せるとうまくいきそうだと感じさせる何かがないと判断ができないからです。

ということで少なからずリーダーには何らかの成功体験がある中で、過度の自信を持ちすぎる人がいます。

仕事の成功とは山登りに似ているとも言われます。つまり、登るルートは色々あれど、結果として目的が実現すればよい、とも言えるわけです。そのような考え方を度外視し、山の登り方そのものまで細々と指示をし、自分の成功したやり方をそのまま真似させようとするリーダーがいます。

もちろん、その中には、現状を踏まえた中でやり方をアップデートし、微修正しながら伝えることができるリーダーもいますが、そうでない人もいるのです。時代や状況が変わっている中で同じ進め方をしてもうまくいくとは限らない中、また関わってる人たちも違う中で言えば、行動の一挙手一投足まで全くもって同じように仕事を進めることは現実的に不可能で、結果としてうまくいかないことも起きてきます。

その責任をリーダー自らがすべて被るのであればまだよいのですが、結果がうまくいかないことは部下に問題があると考え、責任を部下に押し付けてしまうリーダーもいます。そうなるとその後は最悪の展開で部下自身の意欲の低下に繋がったり、部下自身が言うことを聞かなくなるばかりか、その部下が上司を助けようというフォロワーシップが働かなくなり、組織全体の機能が低下する一因ともなってしまうのです。

また時代が変わっている中で、リーダーはその環境に適合した行動を部下に要求していかないといけません。あまりに自身の成功体験を押し付ける進め方であると、部下自身が考える能力を失って、言われたことだけやればＯＫという考えになってしまいます。それで成功できるのならよいのですが、環境や状況が変わる中でうまくいくとは限らず、中期的な組織機能の低下を生む、仕事のできないリーダーと言われてしまう遠因となってしまいます。

間違いを認められず、意固地になっていないか?!

リーダーとして活躍をしていくためには間違いを犯してはならない、と過度に思い込みすぎる人がいます。その結果として組織がますます良くない方向にいく例は数えきれません。

例えば、失敗したことを失敗と認められず、結果として大事件になってしまうようなコンプライアンス違反などは、大企業、中小企業問わず、マスコミなどでたびたび取り上げられており、結果として会社や組織を丸ごと潰してしまいかねません。

また、自分は正しいという思い込みが強すぎて、部下の提案や行為を拒絶してしまうケースも労務的な相談事項としてよく当社に上がってきます。その結果、部下からは「どうせ否定されるんだろ」、ということでロイヤリティ（忠誠度）の低下に繋がるばかりか、部下自身が提案してきたものの中で良かったことに気付くことすらできず、部下への良いフィードバックができずに、部下自身の成長が停滞してしまう要因にもなってしまいます。

価値観が合わない部下とも、うまく仕事が進められているか?!

人間は誰一人として考えが全く同じ人というのはいないわけで、いかにその考えをすり合わせ、会社や組織が目指そうとしている目的に向かい、チームを率いていけるかがリーダーとしての本質とも言えます。

しかし中には、考えを合わせるのは部下の方であり、自分から何か行動を起こす必要はないと考えているリーダーもいるようです。

そうなると、仕事を一緒に行うのは自分の考えと合う人だけが中心となり、視点が単一化した、偏ったメンバーとなってしまいます。「それのどこがいけないのか?」と考える人もいるかもしれませんが、視点に偏りがあるということは、行動を起こす際、盲目的に活動する人たちの集まりとなってしまうことを意味します。それは結果として、方向性が正しく、うまくいく時は大きく力を発揮できてよいのですが、方向性が違っていた場合に、組織として対処できず、大失敗を犯す組織をも作ってしまうことになってしまうのです。戦前、戦中の日本陸軍のようなものですね。

また、自分の考えと合う人とだけで仕事をすると、結果として派閥形成を行うことになり、反対派を生み出してしまう要因ともなります。それは昨今の企業経営の中で求められる「多様性尊重」という考え方からも反してしまうことにもなり、結果として自身の評価を下げてしまう原因にもなるのです。

もっと言えば、部下を評価する際に、価値観が合う、合わないという自分との比較のみで評価を行うことにもなり、会社組織としての「求める多様な人材像」から逆算した人材の評価とは相入れないこととなってしまいます。それは会社・組織としては困る事態であり、そのようなリーダーを中期的に組織の中枢に置き続けることはできない、と判断されてしまいます。

選択肢を複数検討できず、二択思考していないか?!

「やるのかやらないのか、はっきりしろ！」

このような言い方をするリーダーも職場には存在します。部下からすると考える余地がほとんどなく、決断だけを迫られるために、一旦、その場をしのぐため「はい、やります」という答えが返ってくるわけです。しかし、部下もよく考えて答えたわけではないので、とりあえずその場しのぎの状況として答えたまでであり、そのまま仕事を前に進めていくと、途中でうまくいかないことが発生します。その結果として失敗に繋がる、ということは職場においてよく見かける光景ではないでしょうか。

こんな時にリーダーが「第三の思考」をできるようになると、判断もバランスよく実施できるのですが、二択での思考は判断が極端になり、トラブルも発生しがちになります。二択で思考し、指示を出すと、相手にとっては考える余地がない状況となります。考えない部下を育てているリーダーが中期的に成功するとはなかなか言えないでしょう。

喜怒哀楽が激しく、感情を表に出していないか?!

感情が表に出ることには、良いこともあります。例えば、周りから見た時に何を考えているのか分かりやすいため、そのリーダーとコミュニケーションを取りやすい面があることは事実です。

また人を巻き込む際に、相手の感情を揺さぶった表現をすることもできるため、巻き込みが上手い一面もあります。さらにいざとなった時には強気で押し切ることもでき、一見するとリーダーシップがありそうに見える面もあります。
ただそのようなプラスの面ばかりではないことも存在します。
いくつか例を挙げてみましょう。

急に態度が変化する

感情の起伏が激しいということは、「ご機嫌モード」の時と、「不機嫌モード」の時が存在するということです。ご機嫌な時は、周りも仕事がしやすいのですが、急に不機嫌になったりすることで、周りにいる人が混乱を来したり、精神的に不安定になったりすることも起きます。周りの人が仕事を進めにくくなるリーダーがいることで、労務トラブルが発生しやすくなるなど、会社としても困ることに繋がってしまいます。

怒ってしまい、メンバーとの関係性を壊してしまう

普段からカリカリと怒っていると、周りにいる人と人間関係でトラブルを起こしやすくなります。周りがビビってしまい、そのリーダーの顔色を伺って仕事をするメンバーも出てくるで

しょう。そのようなビクビクした状況では、新しいものを生み出したり、メンバーの持っている力を最大限引き出して活躍してもらう、というところからはほど遠い、対人マネジメントとなってしまいます。

また、周りにいるメンバーとなると、すぐに部下が思い浮かびますが、感情の起伏が激しいことは、その矛先が上司に向くことも起き得ます。上司が出してきた指示に納得ができず、上司と揉め事を起こしてしまい、上司には従わない「反体制派」を作ってしまったり、上司のことを除け者にして仕事を進めようとしたりすることで、組織の運営は混乱を来してしまうことになるのです。それは結果としてそのリーダー自らが不利益を被ることになってしまいます。

そういったことをリーダーが起こさないようにするために、国や企業、組織は様々な手を打とうとしています。研修では怒りの感情をコントロールすることができるようなプログラムがよく行われるようになりました。また、労務管理の研修などでは、職場の安全配慮義務について管理職に学ばせようとする要望も多くなっています。企業、組織が社会的責任を果たしていくために、その企業や組織の中にいる社員・職員がコンプライアンス（法令等遵守）を理解し、けんかまがいで強気一辺倒の対人マネジメントでなく、人を大切にするマネジメントが行われているかどうか、企業や組織はとても気にするようになりました。そういう状況からも、怒ってしまうリーダーが職場の中枢にいる状況を回避する動きが強くなっており、そのようなリーダーは当然ながら中期的に職場の中枢に居続けることは難しい時代になってきています。

ここまで、困ったリーダーの存在を見てきました。まとめてみると、どのような存在なのでしょうか。

それは

考え方、ものの見方、判断などを行う際、そのスタートとゴールが「自分自身のみ」になっている、

ということです。

別の言い方をすると、自分が考えたストーリー、結論を信じすぎてしまう、ということです。

少し切り口が違いますが、以下のような統計がありますので見ておきましょう。

当社が取った、こんなアンケートの結果があります。

企業の管理監督者　N＝196名
アンケート形式で質問をしてみました。
Q1：自分の行いについて、ハラスメントはないと言い切れるか？
　はい＝73％　どちらとも言えない＝12％　いいえ＝15％
Q2：上司の行いについて、ハラスメントはないと言い切れるか？
　はい＝21％　どちらとも言えない＝53％　いいえ＝16％

自分はハラスメントをやっている自覚が少なく、上司はハラスメントチックなことをやっているように見えている、という結果ですが、それは自分自身にも当てはまる可能性に気付けているのでしょうか。

次の質問です。

Q3：自分は自己保身に走ることなく、バランスの良い判断ができていると思いますか？

はい＝22％　どちらとも言えない＝44％　いいえ＝33％

Q4：上司は上司自身の立場を守る（自己保身の）行動をしていると思いますか？

はい＝72％　どちらとも言えない＝6％　いいえ＝22％

自分は良い判断をできていると考えていても、自分から上司を見ると自己保身に見えるという結果ですが、それは自分自身にも当てはまる可能性に気付けているのでしょうか。

どのように読み取れたでしょうか？　人間、「自分がかわいい」、と思う人は一定数います。

ご自身はいかがですか？

もしかすると、読者の皆さん自身は、「自分は問題なく、他者は間違っている」、と見えているかもしれませんが、他者から見れば、「あなたが間違っている」、と見えているかもしれませんよ？

自分自身のことが見えない。

それって怖いことですよね……。

【自身の気付きチェック】

Q１：あなた自身が当てはまっていそうな項目はありましたか？

あった　・　なかった　・　どちらとも言えない

Q２：あなた自身、自分自身のことがどれくらい理解できていると思いますか？１００点満点で以下に数字を記入してみましょう。

（　　　　点）

Q３：ここでは自分自身のことを客観的に見ることができないリーダーのケースを挙げてきました。自分自身を客観的に見るために心がけていることを書いて下さい。（答えが「ない」だと、自分自身を客観的に見ることができていないかもしれませんよ。）

Q３

第3章

リーダーに求められる「自己否定力」とは

本書で定義するリーダー像

本書を手に取って下さった方の多くは、ご自身が実際にリーダーの立場で仕事や役割を果たしているか、リーダーとしての立場に近い状況で、今後のために学ぼうとされている方が多いのではないでしょうか。

書店に行くと本書に限らず、「リーダー」と書かれている本はたくさん販売されています。リーダーという表現は捉えようによってかなり幅の広い言葉です。一国の首相もリーダーでしょうし、社長や経営者、都道府県の知事などもそうでしょう。もう少し広く捉えると、役職の名称などに「長」という文字がつく人はリーダー的な仕事をしているとも言えます。

本書で述べているリーダーというのは、強い権限があり、自分の意思で何でも決め行動することができる人のことではありません。では、どのようなリーダーなのでしょうか。

本書で展開するリーダーの定義とは……狭い意味では、

周りにいる、いろんな「長」とコンセンサスを図りながら、最終的な部門としての意思決定を行う、中間的立場のリーダー

を指します。

「なんだ、それなら自分には当てはまらないじゃないか」、と考える強い権限を持つリーダーもいることでしょう。だからと言って、そのような方には役に立たない本、ということではありません。ただ、そのような強い権限を持つ方は、本書で述べるような内容について関心を持たない方が多いと思われます。なぜなら、そのような方は自己否定をしなくても、自分を信じて生き続けても、突っ走ることもできてしまうからです。

ただし、その突っ走りは、周りが支えてくれているのだ、ということに気付けているでしょうか。その点に気付けていないかも、と自問自答し、本書を手にして下さったのであれば、役に立つことは請け合いです。

ということで、もう少し幅を広くとり、改めて、本書で展開するリーダーの定義とは……広い意味で、

自分自身が置かれている立場を認識し、その中でベストな意思決定を行い、その考えを人に伝えて理解をしてもらう必要がある全てのリーダー

ということで記述しています。

逆に言えば、自分自身が王様となり、命令すれば周りの人が全てフォローアップしてくれるような強い立場にいるリーダーが読んでも、無駄にしかなりませんので、そういう方は本書の近くにある他の本を購入されることをお勧めいたします。令和の時代に王様では困るのですけどね。

自己否定力＝気付く力

最近街中でよく聞く言葉の一つに「自己肯定感を高める」という言葉があります。

「自分を信じて生きよう」

「自分の考えていることは素晴らしい」

「自分を大切にすることが何より大事」

とてもきれいな言葉ですし、幸せ感もにじみ出てきます。

別の言い方をすれば、自己肯定感は、自分自身の心の柱ともなり得るものであり、悩みながらの人生ではなく、自分の軸をしっかり持った上での充実した人生にしていくために大切なものであると言えるでしょう。

それとは逆の言葉で、「自己否定力」という言葉は聞いてどのような印象を受けるでしょうか。否定という言葉が入っている通り、イメージとして良くないことを想像してしまいがちです。実際、周りにいる人に自己否定力という言葉を投げかけたところ、

・自分自身を否定する。
・自分自身の存在を否定する。

というような、最近よく言われる、自己肯定感の反対語として捉えるケースが多くありました。しかしここでいう「自己否定力」とはそのようなものではありません。

そうではなく以下の四つを否定し、自身で振り返って、そこから何かに気付くことだと考えて下さい。

❶自身の「基準」「当たり前」「普通」
❷自身の「感情」
❸自身の「意思決定内容」
❹その他自身の「考え」や「結論」

❶自身の「基準」「当たり前」「普通」を否定する

自身の「基準」や「当たり前」、「普通」というものが、他人にとってイコールではないということに気付き、自身の偏見によって言動を行っていないか気付くことができれば、人を無用に傷付けたり、怒らせたりするという余計なリスクを背負う必要がなくなります。またそのような行動は結果として自身に跳ね返り、自身が不利益を被るということにも繋がるわけで、そのような固定的観念を一旦否定する必要が出てくるのです。

❷自身の「感情」を否定する

自分の中で様々な感情が出ている時は、一旦引いて考え、その裏に潜んでいる良いこと、良くないことについて一瞬立ち止まって考えることで、単に感情を相手にぶつけてしまうコミュニケーションとはならず、相手の立場も尊重できる、中長期的なより良い人間関係の構築に結び付いてくるものです。

❸自身の「意思決定内容」を否定する

ビジネスリーダーとして、より高いレベルでの意思決定をしていこうとする際、自分が考えた通り、物事を進めることができればそれに越したことはないですが、そうならないことも想定する必要があります。自身の仮の決断を一旦脇に置き、下そうとしているその決断によって起き得る短期的、中長期的の問題発生、リスクの顕在化などについて慎重に精査し、その考えの通り進めてもよいのかについて一旦否定的に考える能力が求められます。

❹その他自身の「考え」や「結論」を否定する

様々な場面で人間は考えて行動しています。しかし、自身が考えた判断を直感的に信じすぎ、そのまま突き進めてしまったがために、後々後悔することも起き得ます。例えば、社会的、倫理的に問題のある言動ではないのかと、一旦立ち止まって考えることができる能力などは、社会的制裁も厳しくなってきている現状の世の中では、必要なスキルであると考えます。

ここまでのまとめとして、自分は自分としてあってよいのはもちろんです。自分自身の有りようや価値観、存在自体を否定するということでなく、あくまで、**自身が頭の中で描いたイメージや考え方、結論に対し、それを否定する力ということなのです。**

自己肯定↕自己否定のメトロノーム

自身のイメージや考え方、結論に対し、それを否定することは、どうしても後ろ向きな印象を隠し切れません。ただ、ここで言いたいのは、自己否定し続けることがよくないということで、言い換えると自己肯定も大切になる、ということです。

どういうことかと言うと、例えば何かを考える時に、当然、自分なりのストーリーや過程、流れなどがあり、その内容によって一つの結論などが導き出されることでしょう。その思考の過程では、自分を信じ自分を励まし続けることももちろん大切になります。その際には自己肯定感を使うことになります。

本書が言いたいことはその部分を否定するものではありません。そうではなく、一旦出した考え方や結論を持った中で、自身が一歩後ろに引き、違う観点から自身を見て、どこかおかしいところはないか、自分の考えは正しくないところもあるのではないか、と否定してみる考え方が大切になる、ということです。

そして、その否定してみた考えの中で新たな観点が浮かび、その観点について、また自分を励ましながら、考えをまとめていく。つまり、自己肯定と自己否定の間を行ったり来たりすることで、自分自身を第三者的に捉え、より深く考えた中で自分なりの真の結論を導き出し、それを元に行動するようにするのです。

このことを本書では**「自己肯定―自己否定のメトロノーム」**と呼ぶこととします。

このメトロノームを動かし続けることで……

・様々な考えを巡らせた中で出した答えとなり、自分の考えに自信が付く。

・他者の考えにも、一定レベルの寛容性が持てるようになる。
・意思決定する際も比較優位の検討ができるようになり、判断の迷う案件でも結論を出せる。

など、ビジネスシーンで活躍するために必要な能力の習得になることでしょう

「自己否定力」が求められる時代

ここまで、自己否定力についての考え方を見てきました。

しかし、ここで、疑問を持つ人もいることでしょう。

それは、「そのような考えがなぜ、今必要になってきているのか？」です。まとめておきましょう。

■一つの考えが正しいと言い切れない

ＶＵＣＡの時代（Volatility（変動性）、Uncertainty（不確実性）、Complexity（複雑性）、Ambiguity（曖昧性））と言われるように、一つの絶対的な考えが正しいと言い切れない状況

がより起きる世の中です。そのような時代、自身が考えた絶対的一つの答えを信じすぎ、それに向かって進めていくことはリスクの高い時代になっていると捉えるべきでしょう。途中でもやり方、作戦を変更できる柔軟性が求められる時代であり、そのためには一度決めた絶対的考えも、根本から見直せる能力が必要なのです。

■失敗を学びに成長していくという時間的余力がない

ひと昔前はＰＤＣＡサイクルとよく言われ、自身が計画を立て実行した内容について確認・振り返りを行い、良かった点は継続し、良くなかった点は改善しながら新しい計画に結び付けるということを繰り返し、組織や個人が成長していけると伝えられてきました。もちろん、それを否定しようという考えはありません。しかし、現状は、そのサイクルを何周もグルグル回していると、結果が出るまでに時間がかかりすぎてしまう傾向があります。そのように時間をかけて仕事をしていると、投入する労働時間に対してのアウトプットが少なくなってしまいます。もちろん、失敗をしながら学びを深め成長していくプロセスも大切ですが、その回数を少しでも少なくして、かつ成功を勝ち取っていくためには、1回の行動着手に対し、取り組む前に自己否定（ここで言うのは「リスク分析」）を行い、その実践でうまくいかなければ、どういうことが考えられるかについて自問自答をすることで、少ないチャレンジでうまくいく可能性も高くなります。そのように時間をかけず仕事を進める能力が必要な時代なのです。

■感情で表現するのではなく、クールな対応が求められる

「明るく元気に行動する」。もちろん、そのような対応もできないよりはできた方がよいですが、令和に入り、感情の起伏が激しいコミュニケーションよりもクールなコミュニケーションが求められる傾向があります。例えば会議などで意見が合わない人の発言があった場合など、以前だと徹底的な議論を行うことがよくありました。今は自分の意見に固執して主張し続けるのではなく、一旦クールに受け流し「そういう考えもありますよね」的に対応できる力も求められるようになっています。その上で、論点におかしいところがあれば、さらっと指摘していく。要は、他者を受け入れつつも自分の考えをしっかり述べ、相手に心地よく納得してもらう「アサーティブコミュニケーション（さわやかな自己表現）」的なスキルが求められる時代になっているのです。

■相手の立場が分かることで、成功確率を上げる

例えば、交渉時などに、相手が主張してくる点、その優先度などについて自身の考えを一旦脇に置き、相手の立場に立って物事を考えることができれば、それに沿った交渉の戦略を立てることができます。結果として自分たちに多少でも有利なように物事を着地させるスムーズな交渉を取り行うことができるわけです。売り手と買い手の存在するビジネスシーンでは自分たちの立場だけを考え、対応するのではなく、自分の考えが否定されるならばどの点なのか、どの点を追及されるとこちらは苦しく、どの点を追及されるとこちらとしては問題がないのかについて事前に判断ができる能力が、ビジネスシーンではよりタフな対応を求められるリーダーにとって必要な内容となることは明らかでしょう。

■人を「動かす」から「動いてもらう」に変わってきている

動かす側の反対に「動かされる人」がいることを理解して、自分がその立場になって考えることができれば問題ないのですが、それができない人も結構います。その発想がそもそも違う、ということを認識し、対応していく必要があります。

命令する側とされる側がいて、命令する側は賃金支払義務を果たしているから、何を言ってもいいと考えている人がいますが、人は機械ではありません。その瞬間、指示したことに対して相手が動いてくれたとしても、それは心からの納得で活動ができているかどうか怪しいと考える「自己否定」も必要です。

ここまで説明すると、「人に指示をして動かし、組織として結果、成果を出す。金も払っている。それの何が悪いのか。就業規則の服務規律の欄にも『上長の指示命令に従い、勤勉に活動すること』と書いてあるではないか」という人がいます。

表面上は正しいかもしれませんが、大事なのはその指示に対する納得性です。

・部下はその指示に対し、その仕事の目的を理解していますか?
・部下がそれを習得することに何らかのメリット（会社のメリットじゃないですよ。本人のメリットです）があることをきちんと伝えていますか?
・部下に対し、その指示をした後「質問はないか?」など聞き返し、相手の言い分をきちんと聞いていますか?

ただ「やれ!」「しろ!」だけの指示では、部下からすると「人間扱いされていない、奴隷扱いされたと捉える」時代なのです。それがおかしいと思う人もいるかもしれませんが、個の尊重の時代になってきていることから、そう捉える人が増えている現実を押さえて今のビジネスリーダーは対応する必要があるのです。

実際に、企業を訪問し、見かけるケースをピックアップしてみます。

【事例1】

顧問先の会社での出来事です。私はその会社で外部の相談窓口を担当していました。従業員の方が労務的な問題で何かを相談したいとなり、上司などに伝えにくい場合、私のような外部の相談窓口に連絡ができるよう、会社として契約をしておりました。

その会社で長く働いているA部門長は発言が常に高圧的でメンバーから冷ややかな目で見られていました。その日も部下のB係長に対し、「その仕事はCとDを動かしてやらせろ。ちゃんと指示しているのか、いちいちそんな細かい指示まで出させるなよ」と大声で発言していました。B係長は萎縮し「はい分かりました」と繰り返すばかり。

そのような状況を、そのB係長と一緒に仕事をしていたメンバーであり、A部門長が名前に出していたCさんが見聞きしていたのです。

しばらく経って、そのCさんから、相談窓口である私のところに連絡が入りました。内容を聞くと「あのA部門長のいる職場で長く働き続けることはできない。こちらの心までおかしくなってしまう。人をモノのように扱うような人がいる会社で貢献したいとは思わないので退職したいが、私の面倒を見てくれているB係長にその内容を伝えると、またそのB係長がA部門長に叱責されることが目に浮かび、申し訳ない。どうすればよいか」とのことでした。

その旨を把握した私は、A部門長の上長（と言っても中小企業であるため社長）にその内容を報告。社長はその内容を理解していたようで「またAですか。ほとほと困っているんです。仕事はできる人間なんですけど……」と困られている様子。過去にも同じようなことがあり、年に数名が退職しているとのことでした。

就業規則に設定されている内容をもとに、それらの行為はパワハラであるとの結論となりました。懲罰委員会を開き、A部門長本人からの弁明の機会を与えたところ、A部門長はその内容について事実であることを認めたものの、「では何と言って指示をすればよいのか？　仕事ができないやつを使って仕事をする大変さを誰も分かろうとしていないではないか」と逆ギレする始末。仕事ができないやつを育ててしまったのが自分であることを脇において……

過去の懲戒事例と照らし合わせ、A部門長を降格処分とし、係長を部門長代理として役割変更を行い対応することにしたところ、A元部門長はブチ切れて退職してしまったのです。

そのことを知ったCさんは退職を思いとどまり、B部門長代理を支えることを約束してくれました。A元部門長が構築していた社外との関係性や、持っていた知識を活用できなくなったことで、一時期業務の遂行に停滞が出たものの、B新部門長代理を中心にメンバーが結束し、その難局面を乗り越え、生産高が計画比を上回るなど、成果が出始めています。

他の事例も見ておきましょう。

今、ネット上で「論破」が流行っているようです。なんでも「はい、論破！」とか言っている人も見かけます。ネット記事などを見ると、小学生にまでも浸透しているようです。学校の先生や友人とやり取りしている中で他愛もない世間話からの小さなことで噛み付き、変な持論を展開し、はい、論破！　などとやり取りする姿を想像すると、苦笑するしかないですよね。笑って済ませられるレベルであればよいのですが、実際の仕事でこの論破コミュニケーションを使う場面を見かけました。

【事例2】

ある会社の支店会議でAリーダーがB社員に対し、こんな発言をしていました。

「あなたの提案を聞いたが、自分の仕事の進め方が正しいことを前提に話を組み立てていますね。あなたの仕事の進め方は全て正しいと言い切れるのか。一つも間違えていないと言い切れるのか。どうなんですか？」

B社員は「いいえ、全てが正しいとは言い切れません。間違うこともあるかもしれません。今回の提案は自分なりに色々考えて行っているものであり、そこに問題があるのであれば具体的に指摘をしてもらえると嬉しいですし、修正を行おうと思います」と説明をしていました。

それに対し、Aリーダーは「正しくないかもしれないと思っている提案をこんなに人がたくさん集まっている場でして、時間を割くことがよいと思っているのか。おかしいと思わないのか。おかしいですよね？　話になりません。はい、論破ですよね（笑）。もういいです。次いこう」

実際、これで論破できているとも思えないのですが（苦笑）、このようなやり取りが会議で行われている場面を見て、これではこの支店の仕事は前に進まないな、と思わされたものです。

論破することで気持ち良いのかもしれませんが、論破する側がいるならば、必ず論破される側がいるのです。論破する側がそこを考えずに一方的な論破でアピールするだけでは、論破された側の感情はネガティブになります。個人としてではなく、組織として成果を出し続けられるのかというと甚だ疑問です。なぜならそういう組織に所属している人は、組織に対して自分の持っている力をできる限り注ごうという考えに結び付かなくなっていくからです。

このように、なんでも勝ち負けだけで判断する人が世の中には一定数います。本書を読んで下さった方は、そのような考えを持つ・持たないは自由だとしても、できるリーダーになろうと思うのであれば、思うまでで止めておくことが大切でしょう。

勝ち負けで物事を考えると、勝者が発生しますが、必ず片方には敗者が存在する状況となります。その敗者は心の痛みを受け、前向きな気持ちを失いかねません。意見が異なり、議論が対立して、仮に自身が勝者となっても敗者に対し感謝の気持ちを持つことができるでしょうか。敗者と議論できたからこそ、勝者にも新たな気付きが発生するわけで、そこに相手に対する畏敬の念を持つことができるかが問われてくるのはこの点です。

権限があり、その権限を使い仕事をする方法はあるが相手の人格を把握し、人として適切に取り扱うことが求められる時代になっています。権限があるからと言ってそれを振り回しているだけでは、その瞬間の仕事は回るかもしれませんが、先々が怪しくなることを重々理解することが大切です。

【自身の気付きチェック】

Q１：「自己否定力」について自分自身がどの程度持てていると思いますか？　１００点満点で左に数字を記入してみましょう。

（　　　　　　点）

Q２：自己肯定―自己否定のメトロノームを使って行動している、具体的な仕事の場面を挙げておきましょう。

Q 2

第4章

「自己否定力」のメリットと留意点

仕事の中で自己否定力を活用することにどのようなメリットがあるのでしょうか。それが分からなければ、理論的には理解ができても、実際に仕事の場面で活用できるようにはなりません。以下、確認していきましょう。

「自己否定力」がもたらす2大メリット

自己否定力を活用できるようになるメリットは大きく2点あります。以下、一つずつ確認していきましょう。

❶職場の対人関係をより良くできる

部下との関係性

リーダーが自己否定力を使えるようになると、自分が考えたことだけが全て正解とは簡単には捉えなくなり、そうすることで部下から上がってくる提案や報告、相談などを全否定せず受け止めることができるようになります。人の成長というものは、「インプットとアウトプットの繰り返しを行う中で本人がいかに気付けるかが大事」、とよく言われます。リーダーから指示をされて、部下はそれを受けて仕事する、というだけだと、考えるプロセスがなくなってしまいます。上司の自己否定力により、回り回って部下自身が自分の仕事の意味を考えて行動できるようになれば、単なる指示待ち人間の集まりではない、有能な組織を作ることができるようになります。

次に部下との関係性が良くなることも挙げられるでしょう。部下自身が考えて仕事ができる職場になってくると、部下本人の主体性が増します。それにより新しいことへのチャレンジや、既存の問題解決への取り組みレベルも徐々に高まってきます。そのような職場で働けることが、単なる給料（＝お金）だけではない仕事の楽しみに繋がり、結果として従業員満足度も高まり、離職者が減ることにもなってくるのです。

上司との関係性

関係性が良くなるのは部下とだけではありません。自己否定力が身に付くと、自然と上司との関係性も良くなります。ちなみに、リーダーの上司と言えば、会社によっては役員だったり、社長だったりすることもあるかと思われます。その関係性をより良くしておくことは仕事を前に進めていくために必須です。

そのように、上司とより良い関係性の構築が求められるリーダーですが、自己否定力が身に付いていない状況では、自身の考えに固執してしまい、上司がどう考えているかということについて、その本質を察する力が足りず、そこから冷静な頭脳でプランB、プランCを考えることが上手くできるようになりません。

また、そのような状況が続くようだと、上司との関係が悪くなり結果として自社、自組織などの成果にも結び付きにくくなってしまいます。自分と同じ考えを、上司が持っているとは考えないことが大切なのです。なぜなら、人間は一人として同じ人はいないのですから。

一口アドバイス

タイプ別上司への対処法

では、上司がどのように考える習慣があるのかをどう判断すればよいのでしょうか。その具体的なやり方として、私が使っていた方法は、上司のタイプを「大きく三つに分けて考える」手法です。

その三つとは……

- **親っぽい上司**
- **大人っぽい上司**

・子どもっぽい上司

になります。

▼親っぽい上司—あえてダミー案も用意する

親っぽい上司の場合、「自分で決めたい」という考えが強くあり、こちらから提案を持って行っても、100％の賛同を得られることはまずありません。私が若い時も、このような上司がおり、いろんな提案を持って行ってもけんもほろろ、という場面は多々ありました。その状況が続くと、こちらもストレスが溜まるため、なんとかして相手にイエスと言ってもらいたい。そのように考えて活動することも多くありました。

そこで気付いたのです。「親っぽい上司は自分で決めたいのだ」と。そこに気付ければ簡単です。相手に決めさせるだけの情報を与え、最終判断そのものは上司に決めてもらう手法です。具体的には、案を1案だけ持って行くのではなく、3案作って持って行くようにしました。自分自身の本命はA案ですが、あえてダミーのB案、C案を作って持って行くようにしたのです。

「社長、ここまでは自分で考えてみたんですが、最後の最後、なかなかうまく考え切れず悩んでおりまして、一度この三つのA案、B案、C案を見ていただいていいですか？」

「どれどれ、見せてみろ……。こんなのA案がいいに決まっているじゃないか。A案のここだけ修正して、OKするから、どんどん仕事を進めてくれ」

「はい！　分かりました！」

修正が必要でしたが見事にA案が採択されました。単純に、この状況の中でA案だけを持って行っても、親っぽい上司は「自分で決めたい」ため、いろいろ屁理屈をつけられ、却下されることが多かったのですが、3案を持って行くようにしてからは、仕事がスムーズに進むようになりました。

▼大人っぽい上司―説明はワンペーパーで結論を先に

大人っぽい上司の場合、理が立ち、客観性があります。理が通らず、客観性がないことを伝えても、納得を得られる状況になりません。また細かいことにも目が行き届き、チェックも鋭いケースが多いです。そのような上司の場合、心がけたいことは2点あります。

一つ目は、資料を準備し、全体の概要と詳細に説明できるように準備を行うことです。その場で即興で考え、思い付きトークでいろいろ話していくと、その話の流れの中での矛盾点をついてきて、その部分を説明しようとするとまた違うところの問題点を指摘してくる、というふうに、どんどん細かい点に目が行きだし、挙句の果てには、「もう少し整理をしてきてからこちらに持ってきて下さい」などと言われるのがオチです。そうならないようにするために「ワンペーパーでまとめた資料」と、「詳細の資料」を準備することが大切なのです。説明する際は「ワンペーパー」を使って説明するようにします。相手が詳細について気になった場合、質問が出ますので、その際は詳細の資料をめくって説明していくと納得が得られやすいです。

二つ目は「結論から先に話す」ということです。これはあえて取り上げるまでもなく、リーダーともなろう立場にいる方であれば何度も聞いたことがある話でしょう。特に相手が大人っぽいタイプの場合、結論が後から出てくる話の仕方は嫌われる一因になります。（逆に後述する子どもっぽい上司の場合は、ああでもない、こうでもない、とやり取りする方が喜ばれます）一般的に上司はたくさん時間があるわけではないので、言いたいことを簡潔に伝えることができる人を評価します。話が分かりやすいですし、時間効率も良いと判断されるからです。

▼子供っぽい上司—依存感を出し、時には意思決定をフォローする

子どもっぽい上司と書くとなかなかイメージが湧きにくいですが、

- みんなで仲良く楽しく仕事を進める
- 遊び心がある
- 誰かに依存しようとする

右のようなタイプだと思ってもらえると分かりやすいでしょう。そのようなタイプの上司だった場

合、心がけた方がよいことが3点あります。

一つ目に上司が受け持つ役割を明確にしてあげることです。「ここまでやってもらえると助かります。私はこちらをやりますので」などと言いながら、上司がいることに〝感謝している感〟を出しつつ、少し〝依存している感〟などを出しながら上司と会話をしていけば完璧でしょう。そうすることで相手は「自分が頼りにされている」ことに対し、喜びを感じ、喜々として動いてくれる可能性が高いです。また、お互いの責任がはっきりし仕事を進めやすくなるため、自身の仕事へのストレスも軽減されるでしょう。

二つ目に、上司が悩んでいることを手助けし、意思決定のフォローをすることです。リーダーの上司ともなればかなりの重責を担っていることも多いでしょう。そのような立場では49対51のような判断をするのにも非常に微妙な問題を抱えている場合も少なくありません。そういった上司に対し、「自分ならこうしていくと思います。なぜなら…」というような表現で決める手助けをしてあげることです。そうすることで、上司も助かるでしょうし、組織全体がうまく回りだす一つのきっかけにもなり得るわけです。

三つ目ですが、気付いたことをアドバイスしてあげることでしょう。子どもっぽい上司は「自分のことを構ってほしい」と思っているケースが多いですが、反面周りからどのように見られているかという点についてあまり関心を持っていないこともよくあります。そのような上司に対し「一つだけ言っていいですか」や「社長にだからこそお知らせするのですが」などと言って本人自身が気付かないことについて少し触れ、コメントしてあげるわけです。すると、上司は皆さんに対し感謝の念を持ち、より関係性が深く持てるようになるでしょう。（ちなみにこれ、親っぽい上司にやってしまうと、上司は激怒する原因になってしまいますから気をつけて下さいね）

ここまで説明すると、「親っぽいか、大人っぽいか、子どもっぽいか、どのようにして見分ければよいか」について質問がよく出てきます。人との関係性の本ではないですが、そこにも少しだけ触れておきましょう。

【それぞれの特徴】

親っぽい上司	・発言が上から目線 ・断定口調 ・おせっかい
大人っぽい上司	・理路整然 ・問題解決上手 ・冷静、クール
子どもっぽい上司	・感情の波がある ・喜怒哀楽がはっきり ・遊び上手

右記を参考にして下さい。

❷ 多様なビジネススキルのある上司になれる

1、意思決定力

リーダーは意思決定を迫られる場面が多くあります。方向性を指し示したり、経営資源の配分を決め、活用したりするなど、決めないといけない場面が多くあります。ただ、その決め方について、直感で判断したり、唯我独尊的に決めてしまうようでは中長期的に見て、より良い判断をし続けるリーダーとは言えません。

また単純に、数字の良さそうな方を選べばよいというものでもなく、3対7で分が悪いような事柄でも、3の方を選ばないといけないという場面も発生します。


「なぜその意思決定なのか?」

「それを選んだ理由は何か?」

「それ以外を選ばなかった理由は何か?」

「意思決定によって発生し得るリスクはどのように考えるか?」

「そのリスクは対処できる範囲の中なのか?」

「上手くいかなかった時のことは考えているか?」


など、多くの人が聞いても納得できるような内容で、説明することが必要となります。

そのためには他者と議論することももちろん大切ですが、その前に自分の頭の中で肯定と否定を繰り返し、

「問題点やリスクの洗い出し」
「複数の選択肢の設定」
「比較優位なものの選定」

など、考えに考え抜かなければならないのです。自分の考えを一歩横に置いて自己否定し、再度考え直すというプロセスがどうしても必要になります。

2、提案力

提案と言ってもいろんなものがあります。

「新しい製品・商品などの企画立案」
「ビジネスプロセスを見える化した計画立案」
「職場に存在する問題を解決するための改善提案」

それらの提案を行うためには、読む相手が何を要望し、どうなれば良い状況になるのか、問題が解決するのかについて、誰が見ても分かる表現でまとめられている必要があります。伝わらない提案をする人は、自分の考えた事柄や思いをそのまま書面にしたためてしまい、よく考

えて書かれているものであっても、その提案通り進めれば必ずうまくいく的な書き方をしてしまうケースが多いです。

自己否定力を身に付けることができていれば、

「この提案を読んだ相手が納得するか」
「疑問に思う点はないか」
「本当にうまくいくと思ってもらえるのか、そうでないとするならばどういう点か」
「同じコストをかけた中で、他のやり方はないのか」
「上手くいかなかったとしたらどうするのかについて考えられているのか」

など、一つの提案を表に出すまでに、より深く考えるセルフチェックを経由させます。そのようにして磨かれた提案は思い付きレベルの提案とは違い、納得性の高いものになるでしょうし、そういった提案を続けていれば、職場の中でも一目置かれる存在になることは言うまでもありません。

3、決裁（判断）力

部下から上がってくる起案について、リーダーとして決裁をしないといけない場面がありますが、よくあるパターンは「実際には中身をよく見ていない」ということです。

それは論外だとしても、実際に中身は見ているものの、決裁者としてより良い判断ができていないこともよく起きているようです。実際、研修などで受講生に尋ねると「○○さんもＯＫと決裁しているのに、なんで○○さんはこっちにばかり文句を言ってくるのか」と拗ねた発言をする若手社員の声などを聞くと、良い決裁が行われていないことなどもままあるのでしょう。

自己否定力を身に付けることで、部下の起案を的確にジャッジし、問題点があれば分かりやすく指摘してあげることができるようになるのはもちろん、不足している情報のアドバイスや、さらに起案が上に進んでいった際に、上長がより事情を理解しやすくするための情報整理法の共有、起案文の記述方法指導なども上手くできるようになります。そのように仕事が進められるリーダーは、よく仕事ができる人だと思いませんか。

4、人材評価力（人を見る目）

ある意味、人を採用したり評価したりするというのはとても難しいものです。単に明るく元気だからＯＫというものでもなく、緻密で繊細だからＯＫというものでもありません。

人を多面的な角度から見て良い面を見付け、その点を認めることができる力があるというのは、世の中に広まる多様な価値観を受け入れることにも繋がります。ある一面では活躍しにくいと思われた人材でも、違った視点で活用することで会社組織の運営に貢献させられるような状況を作れたり、人材の不足が表面化している日本社会では今後ますます大切なものになってくるでしょう。

「美点凝視」という言葉があります。人の良い点をじっと見つめるという意味です。「うちの部下にはいい点なんてないよ」などと発言している人は、人を一面的な視点でしか見ることができていないことがほとんどです。皆さんのように何でもできる有能な人は世の中にごく少数しかいないということを認識し、今自身が抱えている部下の良い点を見付けて活用する能力こそ、令和時代のより良いリーダー像と言えるでしょう。

【気付けましたか？】

文章の中で、「皆さんのように、何でもできる有能な人」と書いてみましたが、どのように感じましたか？

「いえいえ自分は何でもできる有能な人ではない」と感じることができていれば自己否定力が一定レベル備わっていると見ることができるでしょう。

「そうだろう私はよくできる人だから」などと思ってしまってる人は、もう少し自己否定力を磨いていかないといけないと気付いてほしいところですね。

5、現状分析力

仕事を前に進めようと思った時、現状がどのようになっているのか？　という状況把握を、どこまで正しく行うことができるかで、その後の判断は変わってきます。もちろん全ての状況が把握できるようであればよいのですが、なかなかそのようにスムーズに情報が集まってこないこともあります。

しかし、取れる情報を集めずに、現状を把握したつもりで物事を進めていくと、結果として見えていなかったことが原因で、物事が良くない方向に進んでしまうという例はいろんなビジネスシーンで見ることができます。状況を把握すると、一言で言っても競合相手の状況、①世の中・市場・社会の状況、②自社　③自身の状況の3点の切り口から状況を把握しようとしているかどうか、常に自身で確認する必要があります。

6、先読み力

前の項で「現状分析力」を取り上げましたが、単に現状を分析しているだけでは、次の行動に移すまでには至りません。仕事をしている中でも、分析ばかりに時間を費やし、行動への着手が遅い人をよく見かけます。なぜそうなってしまうかと言うと、与えられている条件に抜けや漏れがないかを究極まで探そうとしてしまうことに他なりません。

研究をする仕事の方であれば、そのプロセスはとても大切です。ただ多くのビジネスシーンで言えば、時間に限りはあり、その限られた時間の中で何かしらの結論を導き出していかなければなりません。

ということで、それらの分析を使って物事を進めていった場合、どのような状況になるのかについて先読みを行い、うまくいく可能性や発生し得る問題点、リスクを想像できる力が必要になってくるわけです。自己否定力を身に付けることができれば、仕事の先読みもレベルが上がってきます。自分自身が考えた短絡的な1本のストーリーだけではなく、

「他にはない？」

「それで上手くいく？」

「そうなる可能性はどれぐらい？」

など、自分自身に問いかけを行い、より深く、幅広く物事を見て、複数の着地予測パターンを想像できるようになれば、より成功確率の高い行動プロセスを選択し、着手できるようになるのではないでしょうか。そういう行動ができることは、より確実性が増す今後の仕事の場面で大切になってくるでしょう。

7、交渉力

最後に取り上げておきたいのは交渉力です。交渉には必ず相手が存在します。相手がどのように出てくるかが分かれば、それについてこちらはどのように返答をしていくのかを検討することができます。

もちろん、相手の主義主張を正しく把握することは大前提として、その上で検討する際に最も大切になってくるのは

「相手が絶対譲れない点は何なのか（逆に相手が譲ることができる点はどこまでなのか）」

ということです。

例えば、少し長いですが、以下のようなケースを考えてみましょう。

※消費税はないものとしてのケースです。

Yさんは、新車を購入したいと考えています。用意した車の購入予算は300万円です。あと10万円までなら別の貯金から追加で出費が可能ですが、そのお金はできれば使いたくありません。車屋さんに車を見に行きました。

以下のような車があり、Yさんはとても気に入りました。

『310万円（標準オプション込み。ただし諸費用など税込み40万円は別途かかります）』と、表示されています。

Yさんは車屋さんに交渉を持ち掛けます。

「この車の購入を検討したいのですが、すべて込みで300万円しか用意できないのです。何とかなりませんか？」

それに対し、車屋さんの返答はツレないものでした。

「300万円総額ですか？　それは無理ですね」

Yさんも粘ります。

「では総額で310万円ならどうですか？」

お店の担当者はツッケンドンな感じで

「いや、厳しいですね」

「そうですか……。教えていただき、ありがとうございました。」

Yさんは諦めてお店を出ました。

この交渉を見てどのように感じますか？　見る限り、かなり無謀な交渉を行おうとしているように感じます。
結果としてうまくいかない状況となってしまいました。

ここでYさんが交渉をうまく進めるためには何が必要だったでしょうか。話し方や、腹のくくり方のような、技法やマインドももちろん必要なのでしょうが、私がここで言いたいのは、その車のコスト構造です。それが分からずして交渉に持ち込もうとしても、良い交渉には決してなりません。

Yさんは、この車のコスト構造を「予測力」を使って、想定してみました。

A：車の仕入原価：250万円
B：販売店への車両輸送費：10万円
C：保険・整備費用・税：30万円
D：販売店運営経費：1台ごとに30万円
E：オプション品：5万円
F：販売店利益：25万円

このうち諸費用がB＋Cだとすると、車代とはA＋D＋E＋Fだということが推察されます。更に言えば、A、B、Cを値切ることは不可能であり、Dをカットしてまで販売するのはどうしてもすぐに現金が欲しい等の状況でなければ難しくほぼ不可能です。

と考えれば、値切りが可能な部分はEとFのみとなるわけです。そこで300万円の提案をしても、A～Dのコストを回収できるわけではなく、先方がイエスと言う見込みはほぼないわけです。

Yさんが交渉可能な部分はEとFの部分であり、この「5万円＋25万円＝30万円」を、先方の立場なら、どこまで下げることができるのかを考える必要があるわけです。

そこでYさんは仮説を立てます。Fの金額はどこまで下げることができるのか。

（仮説1）

お店も事業としてやっている以上、車の仕入原価の5％（12・5万円）～7％（17・5万円）は最低でも利益として獲得しなければならないのではないか。

（仮説2）

その幅は、お店の決算タイミングなどで変わってくるのではないか。

その仮説が正しければ、値切ることができるFの金額最大は、タイミング次第で12・5万円。

「今、欲しい」など、こちらの希望を優先するのであれば7・5万円まで。

さらにオプション品のEを無しにすれば、5万円はダウンできるはず、とか考えました。

そうすると、最大値引額は17・5万円までと想定ができます。

Yさんが用意できているのは300万円であり、車屋さんが言ってきている310万円＋諸費用40万円の合計350万円から最大値引き額17・5万円を引くと332・5万円がこの車を買うために必要なギリギリラインとなることが予測できます。これが相手の譲れるギリギリのラインです。Yさんは今持っている予備の貯金と合わせ、あと32・5万円の資金確保を行いました。

確保ができたタイミングで、車屋さんの決算タイミングがやってきました。Yさんは再度お店に行き交渉を始めます。

「先日はすみませんでした。改めて、この車を購入したいのですが総額320万円だとどうでしょうか？」

「いやいやっぱりまだ厳しいです……」

「そうですか、では330万円ではどうでしょうか?」

「ちょっと奥に行って所長に聞いてきます」

お店の営業担当者は事務所の奥に入って行きました。

ちょっと風向きが変わってきたようです。


その担当者は戻ってきて、こう言いました。

「やっぱりちょっと厳しそうです。すみません」

「そうですか、なら、一つご相談なのですが、今回、この車についているオプション品があると思うんですけど、そのオプション品を全部取り払っていただいていいので、330万円だったらいかがでしょうか?」

「分かりました。もう一度、奥に行って聞いてきます。」

あわただしい感じです。今度はなかなか戻って来ません。

お店の営業担当者が戻ってきました。

「所長と相談しているのですが、当社の決算タイミングもあり、何とかしたいと思うのですが、330万円だとちょっと厳しく、3万円だけ足していただくことは難しいですか？　総額333万円、オプションなしです。いかがでしょう？」

Yさんは想定ストーリー通りにすかさず切り返しました。

「では、今決めますので、最後の最後、もう一つだけわがままを聞いていただけませんか。今日、ここまでくる足代だと思ってもらって、あと5000円だけ値引いていただいて332．5万円で今購入を決めようと思います。いかがでしょうか。」

「もう一度、お待ち下さい。再度聞いてきますね」

お店の営業担当者が戻ってきました。

「上の者から、決裁が降りましたので、その値段で交渉成立することにしましょう。所長が、交渉上手な人だね、参りました、と言っていましたよ。」

「わがまま言いまして、すみません！　ありがとうございました。」

Yさんは、うまく交渉を行い、念願の車を手に入れることができました。

相手が絶対譲れないラインを認識しながら、こちらも妥協できるギリギリのラインを探り、なんとか上手く着地できたようですね。結果として、オプションは付いていないながらも、車自体は購入することができました。

この場合Yさんが欲しいのはオプション付きの車ではなく、なるべく安い価格で車本体を手に入れることであり、それ以外のものは、あってもなくてもよいものという考えに立ち、優先順位を設定した上で交渉に挑んだ結果、願いを叶えることができました。

またこのケースでYさんが良かったのは車屋さんの営業担当者との関係性を壊すことなく、やり取りを継続できたことです。1回目に断られた際に短気を起こしてしまい、営業担当者との関係が悪くなれば、次もう一度お店に訪問し交渉することも難しかったわけで、最低限の関係性を壊すことなく交渉継続できる力も上手く発揮できていました。そこに関しても、変な言われ方をした場合、相手がどう感じるかについて、自分で認識し抑制の効いた表現で言いたいことを主張しつつ、コミュニケーションを継続できる力を使えたのが、良い結果を引き寄せることができた要因とも言えるでしょう。

このようにいかに相手の立場に立って、相手が絶対譲ることのできないラインがどこにあるのか（それは数字であったり、状況だったりしますが）をできる限り把握するように努めることが大切です。そのためには、前述した「先読み力」と組み合わせ、考える習慣を付けることが交渉には不可欠になるでしょう。

実際のビジネスシーンでの交渉は今回取り上げたケースのような単純パターンではなく、もっと複雑な条件が組み合わさってきます。

・相手との人間関係
・過去、取り決めしているルールや約束事、発言内容
・設定されている予算上限

しかし、いくら複雑になろうとも、最低条件である「相手が絶対譲れないラインの把握」は必要なものであり、それなくして交渉は難しいわけです。その最低条件がクリアできる「相手の立場に立った思考ができる力」は少しずつでも身に付けて、高めておきたいところですね。

自己否定力の使用は時間限定で

ここまで見てきたように、現在のビジネスシーンにおいて自己否定力が必要になってくることは一定レベルで理解が進んできているのではないでしょうか。ただし、この自己否定力は力自体が強力でありすぎるため、使い方を間違えると自他共にデメリットが発生することも起こり得ます。ここでは自己否定力を使う際の留意点についてまとめておきます。

自分自身の中で基準になっていること、当たり前なことを疑ってみる

「普通」、「当たり前」という言葉を日常的に使ってしまっている状況は、自己否定力を発揮する上で妨げになります。そのようなことを言動として表してしまっている状況を、自分自身で気付くか、他者から指摘してもらう場面を作り、認識するところから始めるとよいでしょう。

あなたの当たり前は世の中の当たり前ではないのです。

・あなたは、自身で「普通」「当たり前」という言葉をどれくらい使っていそうですか？

・どのような場面で「普通」「当たり前」と言ってしまいがちですか？

自身の価値観を否定しない。同時に他者の価値観は尊重する

価値観というものは自分の軸、こだわりになるようなもので、それを全否定してしまうと自分自身を否定した感覚になってしまいます。本書で定義している自己否定力とは、自分自身の全否定ではありません。自分自身を大切にし、自身の価値観を尊重することをベースに持ち続けることについては何の問題もありません。それと同時に、相手にも価値観があることを認識しましょう。相手には相手のこだわりがありその部分を全否定されてしまうと、相手は自身を否定された感覚になってしまいます。自分の価値観、相手の価値観を大切にできる心を持っている中での、自己否定力の発揮こそが仕事力に繋がっていくものであることを理解しましょう。

終了時間を決めて、自己否定力を発揮すると効果的

極論をすれば、自己否定力の発揮は、永遠にやり続けようと思えばできてしまうことです。しかしそれをやり続けることだけでは、何らかのアウトプットができなくなってしまいます。つまり、自己否定したことを否定し、その否定したことを否定する……延々とやり続ける状況になってしまう、ということです。そのような堂々巡りに陥ってしまわないために重要なこと

は、自己否定して考える「終了時間」を決めて取り組むことです。その時間の中で否定を行い、あらゆる観点から物事を見て考えた、その状況を作ることこそが大切であると考えます。それは、場面によって異なり、例えば怒りの感情のコントロールのような場面では1秒程度で行うべきこともあるでしょうし、数十億円の投資の意思決定を行う際は、2日間かけてじっくり考えるということも起こり得るわけです。

自身の正当性を主張するために、相手に自己否定を押し付けない

これは本書を書いていて、私自身も感じる点ではありますが、自己否定力を相手に持たせようとするために、相手にその必要性を強く説き、活用を半強制にさせるのも良くないことです。本書はこの考え方に共感する方にだけお読みいただければ十分であると考えており、その共感する方に役立つ書籍になればと考え、発刊するものです。その点を理解し、本書をご活用いただければ幸いです。

【自身の気付きチェック】

Q：この章で取り上げた多様なビジネススキルについて、今のご自身の能力活用についての現状を無理やりでもよいので、考えて書き、気付きにしましょう。

能力	自身の活用状況（どんな場面でどのように）
意思決定力	
提案力	
決裁（判断）力	
人材評価力	
現状分析力	
先読み力	
交渉力	

第5章

「自己否定力」を磨く五つのスキル

ここまで大きな論点から少しずつダウンサイズさせ、自己否定力がなぜ必要になってくるのか、それを身に付けるためにどのように活動していけばよいのかについて見てきました。

ここからは、その自己否定力を自分自身の能力として身に付け、活用できるようにするために、どのような詳細スキルが必要になってくるのかを見ていきます。

これは、その能力が身に付いた後、このように仕事で活用できるという（アウトプットの能力（＝効能）ことではなく、実際に身に付けるために自身が基本的に持っていなければならないスキルの習得についてです。トレーニングする内容はアウトプットの能力（＝効能）とは異なっています。

高いところに置いてある重たいものを棚から降ろし、地面に設置することができるようになるために、トレーニングジムに行き、腹筋や背筋、腕の筋肉を鍛えるようなものだと考えて下さい。

それらのスキル習得のためには、繰り返しですが単に本を読んでいるだけではなく、自分の頭で考えながら実際に手や口を動かしてみることが大切です。動きを入れながら本書を読み進めてもらえるとよいでしょう。

次のワーク編で「自己否定力」を身に付けるトレーニングワークを紹介しています。記入ができるページ（空欄が空けてあるワークシートの掲載ページ）については、どんどん書き込みを行っていって下さい。本に直接書き込むことは抵抗がある、という方は、そのページに該当する内容を白紙に書き写し記入したり、パソコンなどに文字を入力して考えたりするのもよいでしょう。自身のやりやすいスタイルで進めてみましょう。

記入するシートが別に欲しいという方向けに、株式会社ユアコンパスのホームページで必要なワークシート（ＰＤＦ版）も販売していますので、ご希望の方は注文して下さい。巻末２５３ページに詳細情報を掲載しています。

自己否定力を発揮するために、身に付けたいスキルは以下の五つです。

【スキル１】ツッコミスキル
【スキル２】思い込み排除スキル
【スキル３】拡散思考スキル
【スキル４】相手の考えを把握するスキル
【スキル５】俯瞰スキル

では、その内容について、一つずつ見ていきましょう。

スキル1　ツッコミスキル＝自分の言動に指摘を入れる

ツッコミとは

辞書で調べると「漫才などでボケに対して指摘や合いの手を挟むこと」と書いてあります。ここで言うツッコミというのは、「自分の言動に対し、自分で指摘を入れる」ということになります。大阪弁で言う「なんでやねん」「違うやろ」「ほんまかいな」というような言葉に繋がります。要は「Why ?」「Not　but」「Really ?」的な言動ができる能力である、と考えればよいでしょう。

身の回りの出来事にツッコミを

習得方法は単純で、自分自身の身の回りで起きていることそのものについて、ツッコミを入れていくだけでＯＫです。それを他者に向けるときつい言葉になりますが、自分自身に向けることで自分の考えがより整理され、客観的にもより良い状況や内容に磨き上げられていきます。

・昨日、お寿司を食べた　⇩　なんでやねん
・先月京都に行った　⇩　今は京都にいないだろ
・パソコンを買おうと思う　⇩　買うんじゃなくて借りた方がいいよ
・クーラーをつけたままの方が電気代は安い　⇩　そんなわけない
・このお肉、安く買えるみたい　⇩　怪しくない？

このような感じです。

このスキルを習得すると……

①その時の感情や瞬時の思い込みに流されずに物事を判断できる能力が身に付きます。
②冷静に考え、本質を見極める能力が身に付きます。
③他者から指摘されることを事前に予見できる能力が身に付きます。

一人で発言をしながら自分の心の中で一人ツッコミを入れることができるようになると、自

分が言っていることにどこがおかしいところがあるかについて、自分で瞬時に気付くことができるようになります。そこに気付けば、話を撤回したり修正すれば、まだ相手も受け入れてくれる状況になり、やり取り上でのトラブルリスクを下げることができます。

他人に対しては使用しない・プレゼン時に使用しない

・他人に使用することは避けましょう。それはそのまま人を責めているように捉えられ、ハラスメントである、などと指摘されることもあるためです。

・自分自身がプレゼンなど、何らかの主張をしている時に、自分に対してこのスキルを使用し、言葉に混ぜてしまうと、何が言いたいのかよく分からないと言われかねないため、ほどほどの使用にとどめておくことが肝要です。

スキル2 思い込み排除スキル＝自分の「当たり前」を排除

自分の基準が必ずしも正しいとは限らない！

・思い込みが起きる背景として、自身の中に過去、同様の内容を見聞きしてきた「経験」からくるものがあります。経験は時としてスキルアップに繋がる重要なものですが、自身の中に「当たり前」を作ってしまうことにもなるのです。これを排除する能力として、自身が考える基準や、当たり前が必ずしも何の誤りもないとは言えないということを認識できるようにするためのスキルです。

三つの手順で思い込みを排除

①自身が普段「当たり前」だと考えていること、基準としていることをリストアップします。
②その当たり前、基準に対しそれが必ずしも正しいとは言い切れないことを認識します。
③その当たり前や基準に「幅を持たせて」、考えることができるように練習していきます。
（その違いについて興味が持てるようになるとなおよい）

このスキルを習得すると……

・人と自分は違うということを認識できるようになり、自分と考えが違う人に対し、イラッとしたり、怒りの感情が湧いたりする頻度や度合いが下がります。
・「なぜこんなことも分からないんだ」的な表現をしてしまい、結果として職場の人間関係を悪くしてしまう、等のような、自身の言動が原因での労務トラブルを未然に予防できます。

社会ルールから逸脱しないように！

・すでに会社などで定められているルールや基準について、そのルールや基準を疑って考えるまではよいのですが、それ故に、守らなくてもよいと勝手に判断し、ルールを逸脱した行為を行うことのないようにしていくことが大切です。（おかしいルールがある場合は、ルール変更の手続きを踏んで、実際の変更が行われればよいことです）
・倫理的な面で言われるようなこと（例：人を殺してはいけない等）について、その思い込みを排除する論理構成を考え、自己を正当化するなどのないようにしていくことが大切です。
本書はそのような活用をするために記載したものではないことを付け加えておきます。理屈ではなく、ダメなものはダメということが一定レベル存在していることを認識しましょう。

スキル3 拡散思考スキル＝答えは一つではない！

複数の発想を短時間で

・答えを一つに絞り込んでいくような、論理思考的考えではなく、答えは無限大にあるということを認識し、複数の発想を短い時間の中でできるようにしていく能力のことを言います。物事にはきっかけがあり、そのきっかけをスタートとして幅広い観点からの切り口で物事を見て、考えることができる能力と言い換えてもよいでしょう。

スキル習得の主な手法

①フレームワークに当てはめて強制的に連想を引き出す方法（例：５Ｗ３Ｈ、オズボーンのチェックリスト）

②キーワードを見て、自由に連想を引き出す方法（例：キーワード式ブレーンストーミング）
③What分解、How分解などを使い、詳細までの分解を行い、検討を行う方法
④Other（他には？）と考え、見えていない視点に気付けるよう考える方法

などがあります。この後ワーク編で練習していきましょう。

このスキルを習得すると……

・見えていない視点まで幅広く捉えることができ、見落としがある中での決断、判断が減ります。

・一人でじっくり考えても、見えていない視点が減り、自身の考えが総合的にバランスの良いものになって、採択、決裁される可能性が高まります。

時間を決め、言葉のサイズを揃えて使用する

・時間を決めて取り組まないと、延々と情報が拡散されてしまい、キリがありません。終了時間とアウトプットの個数を決めて取り組むことがうまく進めるためのコツです。

・出てくる情報の軽さ重さにばらつきが発生します。慣れてくればいいですが、言葉のサイズ（単語のレベル）について、ある程度揃えた表現を行っていくことでより高いレベルでのアウトプットだと、他者から見てもらえるような状況とすることができます。

言葉のサイズ（単語のレベル）とは、例えば「体を健康に保つコツ」を考えたいとします。

そこで以下の三つの単語を並べてみました。

・栄養をしっかり取りましょう。
・睡眠をしっかり取りましょう。
・チョコレートをたくさん食べましょう。

言葉のサイズが揃っていないというのは、この3番目のチョコレートですよね。「体を健康に保つコツ」と問われて、栄養・睡眠と来た場合、言葉のサイズを揃えて考えると、三つ目にはどんな言葉が来そうでしょうか。

よくあるパターンとしては「運動」が入りそうですよね。そのように、揃えていくイメージです。ちなみに、チョコレートは栄養とも重なっていますので、なおよくありません。理解できましたか。

スキル4

相手の考えを把握するスキル＝対人場面で必須

面談や交渉で欠かせない

・親和的なコミュニケーション（例：面談）や、対立的コミュニケーション（例：交渉）などで、相手がどのように考えているのかを読み取ることができる能力のことを言います。特に仕事においては情の人間関係と理の人間関係があり、どちらの観点からでも相手の考えを把握できるようになることがリーダーの活躍にとっては必要となるでしょう。

場数を踏んで身に付ける

❶情的視点

・このスキル習得には時間がかかります。顔の表情や体、目の動き、言葉の発し方などから相手の心の中の思いがどのようになっているのかについて、人間の本心が出る場面（対面型ゲームや、交渉など）や、感情的になっている顧客とのクレーム対応などの場数を数多く経験し、習得していくことが大切でしょう。

❷理的視点

・これは主に交渉の場面をイメージすると分かりやすいでしょう。自身がもし相手の立場になったならば、どのような主張をしてくるのかについて客観的に考える練習の場数を積み重ねることが大切です。そしてそこでシミュレーションをした内容と、実際の交渉場面で相手が主張してくる内容との間にどこまでの一致点があったのか、こちらが考えていた点の中で抜けがないのかについて、確認をする場数を踏んでいくことが能力習得の鍵になるでしょう。

このスキルを習得すると……

・交渉力がアップします。
・面談などで相手の意向を踏まえた、こちらの提案ができるようになります。
・相手から見ても、一定の言い分をこちらが受け止めることもできる状況も作れるため、感情的な揉め事が起きる可能性を減らすことができます。

相手の弱みに付け込まない

・相手によって情報を表に出してくる人と、理を表に出してくる人に差があります。その特性を理解し、どちらを前面に出した関わり方をする方がよいのか、判断ができるようになるとなおよいです。

対人関係の分析ができるツール（例：交流分析、ソーシャルタイプ分析など）を使い、相手のタイプ分析を行った中での関わりができると、より確率の高い対人交流ができるようになるでしょう。

・特に情的視点での相手把握では、いわゆる読心術的なアプローチも必要になってきます。これを故意に悪用しようとすると、相手の弱みに付け込んだ関わりとなりすぎてしまい、倫理的な問題に発展するケースがありますので、あくまで自身の仕事力向上のためにそのスキルを使うようにしていただきたいところです。

スキル5　俯瞰スキル＝高い視点で物事を大づかみに

自分自身を上から眺め、客観視する

・自分が今置かれている状況・環境から物事を考えるだけでなく、視点を変え視座を高め全体的視野から物事を捉え、考えることができる能力のことを言います。自分自身を2メートルほど上から眺め、客観的に自身を見るというイメージがこの俯瞰スキルです。

立場、視点に自分をおいてイメージする

・このスキルを習得するのはさほど難しくありません。ただしその立場に立ったり、その視点に自身を置いたりするイメージがどれだけ具体的にできるかで、スキルの発揮レベルは変わってしまいます。「○○の立場になったならば」や、「全体的に見た際に」、などというワードを考えるテーマの前にくっ付け、その視点で物事を考える練習を何度も実践していくと、身に付けることができるでしょう。実際にその立場の人と話をしたり、全体的視点を捉える

ために社会の状況などに理解をしたりすることも、このスキル習得には必要です。

・少し大きい会社などでは、職務権限規定など、その役職、役割の人たちが担うべき職務について、文書で定められています。一つの参考になるでしょう。

このスキルを習得すると……

・上位職者から認められる可能性が高まります。

・自身の提案が採択される確率が高まります。

・より幅広い視点から現状の理解ができるため、職場の中での問題解決力もアップします。

セルフトレーニングでくり返し練習する

・大きな留意点は存在しません。場数をこなして慣れていくしかありませんので、この後のセルフトレーニングにより、スキルを習得できるよう繰り返し練習することが大切です。

ワーク編

一人できる
スキルアップワーク

第5章で自己否定力を身に付けるために必要な習得すべき「五つのスキル」について見てきました。それらの能力はすでに習得できているものもあれば、そうでないものもあるでしょう。その多くは、自身で意識して「対人折衝」「交渉」「指導」などを仕事の中で行うことで、習得できるものです。さらに言えば、大企業などではOff-JT（職場外訓練、いわゆる研修）によってロールプレイングなどの形で実践トレーニングを行い、それらの能力習得について体系的に取り組んでいるケースも多いです。

しかし、そのような体験をできる機会が少ない多くのビジネスパーソンにとっては、それらの能力習得を仕事以外の場で行うことがなかなか難しい実情もあるかと考えます。

そこで本書の登場です。

本書のコンセプトは「**一人で、職場の内外で自己否定力を自分自身の能力として身に付けるためのトレーニングができるようにする**」ものです。

次ページ以降で実際のセルフトレーニングワークをたくさん掲載してみました。真面目に取り組むような内容から、ちょっと遊び感覚のものまで、いろいろ紹介しています。大事なことは、「何回も繰り返してチャレンジする」ことです。継続する中で能力習得ができますので、飽きることなく自分がやってみて、身に付いているなと感じるものを継続的に取り組むようにして下さい。それではスタートです！

スキル1 ツッコミスキルの習得

トレーニング1　いつもと違うやり方、行動をしてみる

人間は常に安心を求めるものです。そうすると、昨日の自分は正解であり、その行動を継続していれば大丈夫、と思い込みがちになってしまいます。しかし、それは果たして正しいでしょうか。

「ゆでガエル」の話を持ち出すまでもなく（知らない方はネットで検索をすればいくらでも出てきます）、同じような環境で同じように行動していると、気が付けば自分自身の成長も果たせないばかりか、後で苦しい思いをしてしまうことになりがちです。そうならないためにも自身が普段、習慣にしているような行動をあえて変えてみるというチャレンジを定期的に行うようにしていきます。そうすることで自身が気付ける領域を広くすることができるようになります。

① 朝起きてから〜

(A) 普段やっていることは？

(B) (A) ではないことを書いてみましょう

② 外出する時〜

(A) 普段通っている道は？

(B) (A) では進み方を書いてみましょう

③ 外食する時に〜

(A) 普段頼むメニューは？

(B) (A) ではないメニューを書いてみましょう

④ いつもと違う店〜

(A) 普段買い物する店は？

(B) (A) ではない店を書いてみましょう

⑤ 普段買わないもの〜

(A) 普段よく買うものは？

(B) (A) ではないものを書いてみましょう

⑥ 普段使わない言葉〜

(A) 普段よく使う言葉は？

(B) (A) ではない言葉遣いをあえて書いてみましょう

埋められるところだけでＯＫです。書いてみたら、やってみたくなりませんか？

Step 2

Ｓｔｅｐ １が書けたら、実際にそれを実行してみましょう。
実施する際に大事なことは、以下の言葉を心の中で何回もつぶやきながら行動することです。
その言葉とは……

何かないかな～
面白いことないかな～
新しいことないかな～

です。「何か」「面白い」「新しい」とブツブツ心で唱え、行動してみましょう。

Step 3

Ｓｔｅｐ ２をやってみて見付けたこと、気付いたこと、面白かったことを思い出して頑張って考え、三つ以上、以下にメモしてみましょう。

Step 4

Step 3が書けたら、その書いた内容はほんの少し、自身の成長になっているはずなのです。このワークを通じ、自身が今まで取ってきた行動だけが「正解」ではなく、いろんな正解があることに気付けるとパーフェクトです。

このワークをやってみて、過去の自分自身の行動ではない、新しい行動が与えてくれたことを自分自身でプラスの評価をし、以下に思いを記入してみましょう。

＊過去の行動を否定する必要はなく、新しい行動をプラスの評価で書くのがコツです。

こんなこと見つけた！　気付いた！

①
②
③

毎日、これらをコツコツやることで、自身の視野が少しずつ広がってきます。「己だけを信じ、他を受け入れない」ではなく、他を受け入れることが自身の成長、発展に繋がってくるのです。

（メリット）

・いろんな話題にも対応できます。
・感覚が敏感になり、他者の考えを受け止める力が増します。それにより相手が考えていることがだんだん読めるようになってきます。
・素直に楽しく、心が豊かになります。

いかがでしょうか。ぜひ継続的にやってみて下さい。

新しい行動で得た、自分自身のプラス評価を書いてみよう

トレーニング2　自分の仮決定にツッコミを入れてみる

仕事をしていく中では、いろんな情報を集め、自身なりに考え、決めないといけない場面（意思決定シーン）がよく発生します。決断する、意思決定する、というのはリーダーシップを発揮していく上で大切なことであると考える方も多いでしょうが、単純に勘や経験だけで決断をすることは、リスクを捉えた判断になっておらず、結果として間違った判断になることもあります。

ケーススタディ

先週、仕事もひと段落し、それほど切羽詰まった業務はなくなりました。しかし、次週も仕事が立て込んでおり、忙しさは続きそうな状況です。

そんな中、今日は日曜日。午前中、ゆっくりする時間があります。そこで、あなたは「外出し、気分をリフレッシュするのもよいかなあ」と考えています。

どうする？

右記のような状況の時、皆さんなら、この午前中の時間、どのように過ごしますか？　想像してにメモしてみましょう。

それでは、その判断について、自身にツッコミを入れてみましょう。自分で三つくらいのツッコミが入れられれば、客観視は比較的うまくできていると言えます。

ツッコミタイム（1分測ってみましょう）

前ページ　**どうする？**　の内容について、自身でどんな内容でもいいので、ツッコミを入れてみましょう。1分で四つ以上は書けるようにしましょう。

いかがでしょうか？　チェックしてみましょう。

□四つ以上書けた！……ツッコミ力、ＯＫ！
□二～三つ……スピードアップを図ろう！
□書けない～一つ……思考の幅を広げよう！

午前中の時間、どう過ごすかメモしてみよう

ツッコミを入れる際は、以下のワードを使ってみると、考えが出てきやすいです。

Why？（なぜ？）

True？（正しい？）

If（もし～なら？）

Other（他には？）

1分で四つ書けるくらいになると、思考スピードが上がっていると判断できます。そのレベルに到達できるまで、以下のセルフワークで繰り返し練習しましょう。

Why ？（なぜ？）
True ？（正しい？）
If（もし～なら？）
Other（他には？）

◆セルフワーク◆

それでは、ここからいろんなビジネスシーンで使える、「自身が行った仮決定についてより厳しくツッコミを入れ、自分自身の仮決定を見つめなおすトレーニング」に移りましょう。仕事に直結するスキル習得のトレーニングですので、このワークは特に重点的に取り組んでみて下さい。私自身は電車の中など、少し時間があると、手近にあるメモや、スマートフォンなどで、この練習をするよう、心がけていますが、繰り返し継続することで、自身の決定に確証がより持てるようになってくる効果を実感しています。

Step 1：過去の意思決定をメモする

自身が過去に行ってきた意思決定（何かを決めたこと）を一つ思い出し、以下の欄にメモしてみましょう。

自身が過去に行ってきた意思決定

【意思決定って？】

意思決定を理解しやすく言えば、「決める」ことです。自身で決めたことは人生の中でいろいろあります。

- **入学したいと思う学校選び**
- **入社したいと思う会社選び**
- **入居したいと思う家選び**
- **今年度取り組もうと思った年間目標の設定**
- **休日にどんなことに取り組もうと思ったかの予定決定**

軽いネタで結構ですので、自身で考えてみましょう。

Ｓｔｅｐ２：意思決定の理由を書いてみる

Ｓｔｅｐ１が書けましたら、その意思決定について、自身にツッコミを入れてみましょう。自分で三つくらいのツッコミが入れられれば、客観視は比較的上手くできていると言えます。以下に記入欄に、埋めてみて下さい。

どのようなことを考え、その決定をしたのか？その理由

Step3：1分で四つツッコミを入れる

Step1での内容について、自身でどんな内容でもいいので、ツッコミを入れてみましょう。1分で四つ以上は書けるようにしましょう。

（例1）

『業務での問題が多発するので、原因追及のため、会議は週2回にすべきだ』に対し『業務時間が減って余計に問題が大きくなるんじゃないの？』

（例2）

『新しい家は駅近のタワーマンションにしよう』

に対し

『地震が多い日本で、上層階に住むことは停電した時などにリスクが大きいのでは？』

このようなツッコミを自分で入れてみるのです。できそうでしょうか？

①
②
③
④

応用ワーク　自身の突っ込みに反論する

右記Ｓｔｅｐ３でツッコミを入れた内容について、それぞれに反論し、最初の意思決定が間違いでないことを説明しましょう。

※自身のツッコミに再反論することで思考を「True（正しい）⇔False（違う）」と行き来させる中で、冷静で客観的な判断ができるようになってきます。

これをやり続けることで思考にキレが出ます。注意しないといけないのは、キレが出すぎると、論破できる力もアップしますが、それを使いすぎることで人間関係がうまくいかなくなることも起こり得ますので、注意しましょう。

①について再反論
②について再反論
③について再反論
④について再反論

トレーニング3　自身で解決できる次善案を三つリストアップする

いわゆる、問題解決的な思考のワークとなります。

まず問題の把握について確認していきましょう。

問題とは「理想と現実の差」や、「現状と目標の差」などと言われます。これらを読めばすぐ分かることですが、その差を図るためには「二つの情報」が正しく認識できている必要があります。つまり……

①理想（目標）が正しく設定されているか。

②現実（現状）が正しく把握されているか。

ここでは、この2点が正しく把握されていることを前提に原因を探り、その原因を潰すことができる課題の設定を行うワークに取り組んでみましょう。

◆セルフワーク◆

Ｓｔｅｐ１：テーマの設定

現状、職場や家庭などで起きている困り事を一つ想像。以下に記してみましょう。

Ｓｔｅｐ２：現状の把握

右記の困り事（Ａ）について、現状がどのようになっているか、具体的に箇条書きで記してみましょう。記入する際には感覚的な話ではなく、数値を使って記載したり、イメージが目に浮かんだりするような「具体的な表現」を心がけて下さい。

困り事（A）

現状がどうなっているか？

（1）
（2）
（3）

Step 3：理想・目標（ありたい姿）の設定

Step2で挙げた現状に対し、理想・目標（ありたい姿）はどのようなものかを対比するように書いてみましょう。

Step 4：差（＝問題）の見える化

Step2とStep3を活用し、その差（＝問題）を書いて下さい。差（＝問題）を書く時は、

× 人手不足

のような抽象的な表現ではなく、

○ 理想の人員数に対し、○○の業務を行う4名が不足

のように「具体的な表現」を心がけて下さい。

（1）についての理想
（2）についての理想
（3）についての理想

差（＝問題）（B）

Step 5：原因の分析

Step 4で作成した差（＝問題）に対する原因を探ります。ここで「自己否定力」を使います。通常、原因はパッと思い浮かぶものを書く人がいます。しかし、多くの場合、パッと浮かんだものは本当の原因にはなっておらず、表面的なものでしかないことが多いのです。従って、ここではそのような表面的なものではなく、「他にも原因があるのではないか？」と考え、複数ピックアップすることを心がけましょう。

以下のフォームには原因を記入できる欄が三つ設定されていますが、最低二つはあげるようにして下さい。

なお、現状発生しておらず、今後起き得る問題を設定した場合、原因がはっきり見えていいな

差（＝問題）（B）	原因（なぜ？）（C）
	①
	②（他には？）
	③（他には？）

いこともあるため、その場合は想像できる「仮の原因」を記入しても構いません。

Step 6：「原因の原因」を探る

Step5で分析してみた原因をさらに深堀りして考えます。「その原因が存在する原因は何？」と考えていきます。これもStep 5と同様、「他には？」と考え、一つの思考だけでとどまらないように自己否定を行い、考えるようにしていきます。

原因（C）	その原因の原因（それはなぜ？）（D）
①	①－1
	①－2
②	②－1
	②－2
③	③－1
	③－2

Step 7：課題を考える

課題とは「問題を解決するためにやるべきこと（またはやると決めたこと）です。もう少し分かりやすい言い方にすれば、「未来志向的な内容で、自身の考えが含まれているもの」と言えます。

（課題の表現例）

・人員不足に対応するため、業務管理システムの導入を進めていかなければならない

・論点が分散しているため、一旦三つほどの論点に整理する必要がある

その原因の原因(D)	課題（そのためには？）(E)
①－1について	I
①－2について	II
②－1について	III
②－2について	IV
③－1について	V
③－2について	VI

原因を自己否定力で深く探れていれば、そこから考えられる課題の設定に移っていきましょう。上記のような表現を心がけることができればＯＫです。

Step 8：課題着手の優先順位付け

課題がある程度見えてきたら、どの課題から先に着手していくのかについて優先順位をつける必要があります。本書を読んで下さっている方の多くは、時間に追われたり、忙しくしていたりする方が多いのではないでしょうか。そのため、出てきている課題に対し、全て取り組むことはなかなか難しいことでしょう。ここでは、全部に取

課題	優先順位（数値で記入）
I	
II	
III	
IV	
V	
VI	

り組むのではなく、「その課題に着手するとより多くの効果・成果が出そうなものはどれか？」と考え、優先的に着手するべきものを絞り込みます。結果、短い時間でより高い成果を出していきやすくなります。

なお、優先順位付けについては、出てきた課題の中で一つを選ぶのもよいですし、複数を抜粋してそれらを合わせ、同時に着手するというやり方もよいでしょう。

また、順位をつける時は、「なぜその課題が1位なのか？　2位なのか？」について自問自答をして、その判断が比較優位的な順位付けになっているかについて、自己否定力を使い、常に確認を行うことが大切です。（なぜ、その順位が1位なのか？　理由を明確に書いて下さい）

なぜその課題が１位なのか？

本書では、仕事の日に活用できる堅苦しいワークだけではなく、番外編として、遊びながら「自己否定力」を身に付けることができる方法も記載しております。休みの日に遊び感覚で取り入れてみるのも、スキルアップのためには役立ちますので、楽しんでチャレンジしてみて下さい。

トレーニング4（番外編）株式、外国為替など、予想が当たらない体験をする

ここでは少し違った切り口として、株式投資などを行い、未来の株価や為替予想をすることで、自己否定力を身に付けるという、一風変わったやり方を紹介します。なお、投資が嫌いな人もいると思います。本書は投資本ではありませんので、予想するだけでもＯＫです。

◆セルフワーク◆

Ｓｔｅｐ１：株価や為替相場を予想してみる

今は証券会社や銀行などに行くと、投資の話がよく出てきます。少額からの投資ができる制度もいろいろ存在しています。自身のできる、かつ興味のある範囲で結構ですので、株式や投資信託、外貨預金などにチャレンジしてみましょう。

まずは予想です。株式投資であれば「どの会社の株を買うか」投資信託であれば「どのようなテーマに投資するか」外貨預金であれば「為替相場が高く振れそうか安く振れそうか」予想してみて下さい。

その際、大事になるのは「勘や感覚」ではなく、「自分なりの明確な理由」を作ることです。根拠は無くてもかまいませんが、その理由を三つほど人に説明できるようにしておきましょう。

また、「○日間以内に」「○か月間以内に」など終わりが定まっていないと評価ができませんので、期限は必ず切って下さい。

どのような予想をした？	なぜ？　その理由は？
いつまでに？ までに	
どのようになる？	

★その予想が結果として当たったら？

〝おめでとうございます！〟考えが当たると楽しいですよね！　ただ、今回、ねらいとしているのは「予想が当たること」ではなく、「予想通りうまくいかないこと」ですので盛り上がるのはほどほどにしておきましょう（笑）

★予想が外れたら？

Step 2：なぜ予想が当たらなかったのかの理由を考える

予想は外れましたか……残念でした。しかしここからが自己否定力の習得には大切です。いわばここからが本番です。なぜ自分が予想した株式は値下がりし、為替は自分自身が考えたのと逆に振れてしまったのでしょうか。

これまでの経緯をネットや新聞などで確認し、後から考えると、色々な要因が思い浮かぶのではないでしょうか。

・世界情勢が変化してしまった
・国の政策が変わってしまった
・その会社の経営方針が変わってしまった（株式）
・業績が予想よりも悪かった（株式）　など

では、なぜ、そのことを予想する前に気付けなかったのでしょうか。それを冷静に振り返り、認識ができるようになることで、自分の一時の感情での意思決定に対し、物事を始める前に考えておくべきことに気付ける能力がだんだんと上がってきます。

遊びながら意思決定できる力を養うのも面白いですね。

なぜ、自分の予想は当たらなかったのか？	判断する前に気付けなかったか？

スキル2 思い込み排除スキルの習得

トレーニング1 「自身の思い込み」「べき論」をリストアップしてみる

「そんなの当たり前でしょ。」「それは普通のことでしょ？」「それは○○すべきでは？」

このように、当たり前、普通、べき、という言葉をよく使っていませんか。これらの言葉は、自分の思考の中で枠を作ってしまっている状態となります。

枠ができてしまうと、「その枠の中が正しいもの」「枠の外は正しくないもの」というふうに人間は判定しがちです。しかし、世の中で完全に正しいもの、間違っているものは法律やルールで定まっていること以外それほど多くないと考えましょう。

枠の中にあることでも正しくないことがあるかもしれませんし、枠の外にあることでも正しいことがあるかもしれない、というように考えるトレーニングをしていきましょう。

★その前に気付いて考えてみませんか？

Step 0：普段の考えを再点検

以下のチェックリストを見て、自身の普段の考えに当てはまっているものがないかどうか、確認してみましょう。

- □ 会社で定まっているルールは守るべきだ
- □ 人と会ったらあいさつするべきだ
- □ 他社を訪問する前にコートは脱ぐべきだ
- □ 自分で出したものは自分で片付けるべきだ
- □ 指示を受けた仕事はすぐに着手すべきだ
- □ 何事にも一生懸命取り組むべきだ
- □ 計算結果は最低2回確認すべきだ
- □ パソコンのデータはバックアップしておくべきだ
- □ 1日2リットルの水分を取るべきだ
- □ 少しは本も読むべきだ
- □ 食事は1日3回取るべきだ
- □ シャツ、ブラウスにはアイロンをかけるべきだ
- □ 冷房を入れたら窓は閉めるべきだ

□　提出書類以外は裏紙を使うべきだ
□　若い者は自分から率先してシャキシャキ動くべきだ

いかがでしょうか。この例は、実際、当社が関わっているお客様（企業）の社員の方からいただいた相談内容の一部から抜粋したものです。当社は、外部の相談窓口になっており、直接その企業の社員さんとお話しする機会もありますので、そのような声もよく聞こえてきます。

ご自身で読んでみて、当てはまっているものもあるのではないでしょうか。後半になるにつれて、「そんなことないんじゃないの……」と、「べき論」に対する考えが変わってきていることにうすうす気付かれている方も多いのではないでしょうか。

しかし、その「べき論」は自身がそのように思っているだけで、周りや相手はそう思っていないことが往々にしてよくあります。そこを理解せずに人に関わろうとすると、「揉め事」「トラブル」が発生する要因となります。

決まり事などの「べき論」はあってもよいでしょうが、それ以外のべき論を振りかざす時は、一旦立ち止まって考える習慣が欲しいものです。

◆セルフワーク◆

Step 1:「べき論」を5個あげてみる

自身が常日頃考えている「べき」を5個あげてみましょう。(5分以内に書いてみましょう)

まれに、穏やかな性格の方ですと「あまり『べき』とかは考えないのですが」と言われるケースがあります。『べき』が思い浮かばない場合は『した方がいい』とか『するのが賢明だと思う』など、少し表現をぼかした内容でリストアップしても全く問題ありません。

Q2－①または②(以下に三つほどあげてみましょう)

①
②
③
④
⑤

Ｓｔｅｐ２：「べき論」を状況チェック

Ｓｔｅｐ１で書いた「べき」を書いてみて、以下の状況の中から一つにチェックをしてみましょう。

□Ａ）すぐ書けた
□Ｂ）考えながらスムーズに書けた
□Ｃ）悩みながら、何とか書けた
□Ｄ）かなり時間はかかったが、ギリギリ５分で書き切った
□Ｅ）どれだけ考えても全部は埋まらない

応用ワーク：どんな「べき論」と結び付いているか

自身がこれまでに他人とけんか（口げんかでも、冷戦でもよい）したことについて、それが

けんかした内容	そのけんかに関し、自身が考えていた「べき論」

自身の考えていた、どのような「べき論」と結び付いているのかについて。自身で振り返り、空欄を埋め、気付きを得て下さい。

【閑話休題】 成長サイクルこそが自分自身を高め続ける

一つ目のトレーニングを実施してもらいました。やってみていかがでしょうか。うまくいかなかった部分もあるかもしれませんが全く気にする必要はありません。

1回やってみて、結構難しかったからもうやりません、と取り組みを終了してしまえばそれは自身の確固たるスキルにはならないのです。なので、「1回やってみた」こと自体、良いことと認識しましょう。

ケーススタディー

企業の中には、その通信教育の受講料を一旦社員本人が支払うものの、修了した暁には全額や一部額を「奨励金」などと称して、社員本人に還元する制度を持っているところがあります。

そのような企業でこういう事例がありました。毎年、会社が通信教育制度の受講推進を行い、受講する方は社員の半数程度いる、比較的自己成長に関心がある社員の多い企業です。

ところが最後まで受講し終わるケース、つまり修了するケースは20％程度と低い水準に例年とどまっていました。

そのような状況を憂いていたその企業の人事担当者が、ある年、通信教育受講者に対し、以下のような発信を行いました。

・今まで教材は自宅に直接届けていたが、今年から職場に届くように変更する。
・職場に届いたら人が見ている前で箱を開封し、中に入っている添削問題に「自身の住所と氏名を全て記入」する。
・どの添削問題でもよいので「1問解いてみる」
・「1問解けたこと」を職場の誰かに伝え、規定の書面にサインしてもらう。

その発信を行った年、通信教育修了率が70％以上になったのです。

どういうことか分かりますか。どんなことでも、最初の一歩が大切であるということです。自転車でも最初の一漕ぎがすごく重く、バランスが取りにくい状況になります。しかし、ペダルが回りだすとスムーズに前に進めるものです。

今回取り組んでいただいているトレーニングでも同じだと考えて下さい。

　リーダーとして活躍していくためにどのようなことを理解し、どのようなスキルを身に付けるべきか、ということが書かれた本は書店に行けば山ほど売られています。過去いろんなビジネスリーダーの方と交流もしてきましたが、たくさん本を読んでいる方もおり、知識が豊富だなあとこちらが驚くほどの方もいらっしゃいます。

　しかし、「知識」はあくまで「知識」なのです。つまり、知識として理解していても、それを自分自身が必要な場面で効果的に活用し、自身が求められる役割、自身が果たしたいことに結び付けることができなければ、その知識は宝の持ち腐れでしかありません。

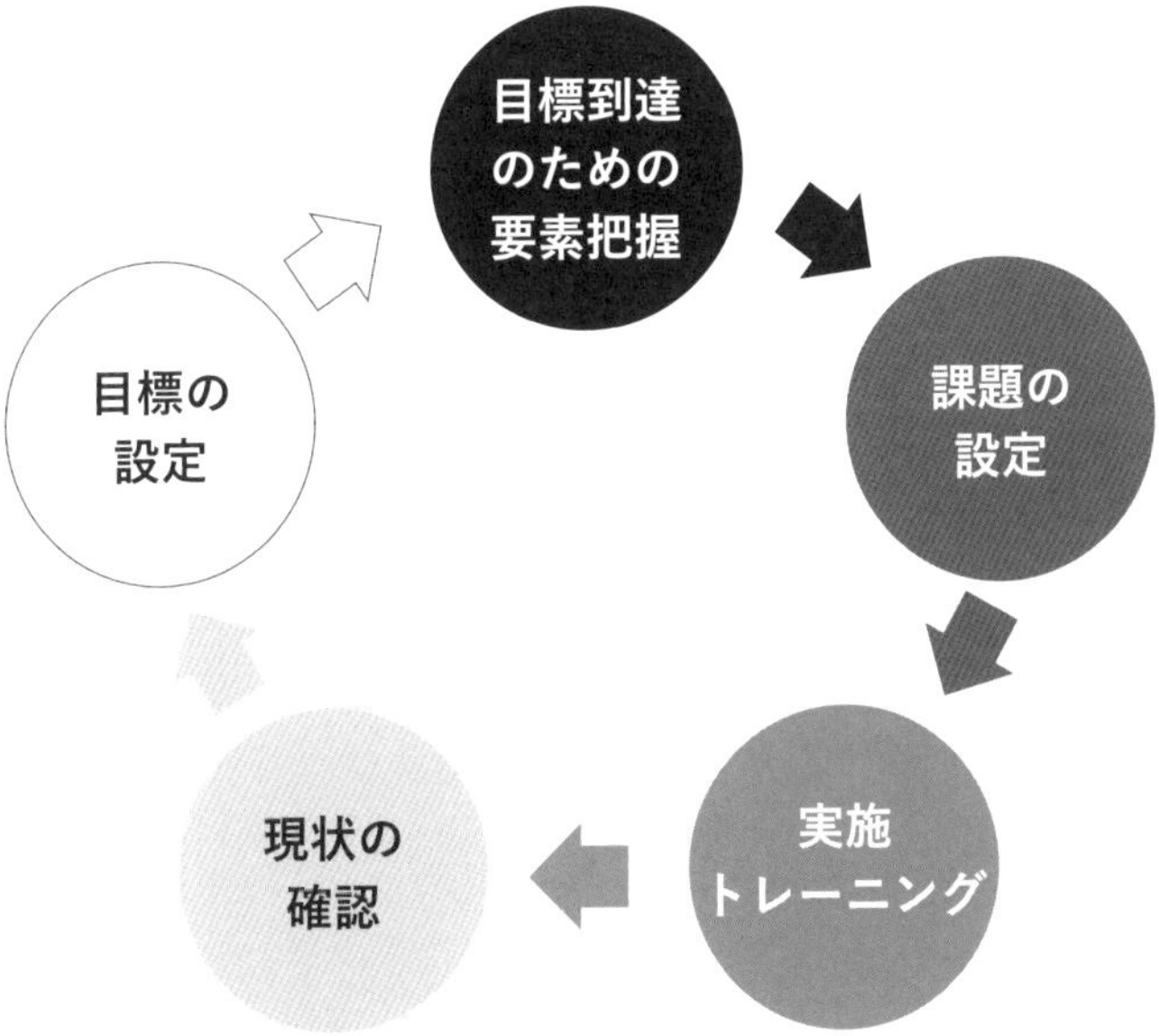

学者の先生になるのであれば、知識を身に付け、その知識を深めていくことはとても大切ですが、ビジネスリーダーとして活躍していこうと思うのであれば、「スキル」として、それらを習得し、いつでも使える状況にする必要があるのです。

そのために必要なのが成長サイクルを回し続けることです。

成長サイクルとは、一般的によく言われる「ＰＤＣＡサイクル」を変形させたものと考えればよいでしょう。

一般的に売られている本では、課題の設定方法までが書かれていて、実際のトレーニングについては「その内容を理解した上で職場でそれを使うこと」と書かれているものが多いです。どのような場面でどのように使えば自身にスキルとして身に付いてくるかどうかをより具体的に課題設定し、行動する方がよりスキルアップに繋がります。

「具体化」をぜひ意識してみて下さい。

トレーニング2　「当たり前」に囚われない発想をする

トレーニング１からの続きです。

【ケーススタディ】

ある日曜の午後でした。近くのショッピングセンターを散策中、少し喉が渇いてきました。目の前にカフェがあります。

「よし、ここに入ろう」メニューが文字で書いてあります。注文するものを決め、店員さんを呼びました。

「すみません、カフェオレを下さい」

「はい、かしこまりました」

しばらくするとカフェオレが出てきたのですが、想像しているものと違い、大き目のお酒のお猪口のような入れ物にカフェオレが二口くらいで飲み干せる程度の量だけ入って出てきました。

……

すぐに店員さんを呼び、

「すみません、普通、カフェオレってコーヒーカップの中に入ったものが出てくるんじゃないの？」

するとこ店員さんは

「あ、これがうちのオリジナルカップです！　楽しい、かわいいというお声をたくさんいただいています」

このケースを読んでどう思いましたか。この主人公が自分自身だったとして、もしこのようなケースに遭遇した場合、どのように感じるでしょうか？　どれが最も自身の心境に近いでしょうか？　以下に一つ、チェックしてみましょう。

□A）ふつうはコーヒーカップに入れて出すもんだから、そうじゃないなら説明すべきだ！
□B）なにそれ?!　それが面白いとでも思ってんの？
□C）そういう提供の仕方もあるんだ……、ま、確認しなかった自分が悪いし、飲んで帰ろう
□D）なるほど・・。これが流行りなのか……初めて知ったなあ
□E）面白い！　これ、スマホで写真に撮ってアップしよう！

いかがでしょうか？　この中でA）B）C）の感情が湧いた人はいないでしょうか。
それは、自身の中に「当たり前」「普通」、というものが含まれている可能性があると捉えてみましょう。もし、自身の中にそのような考えがあって、そのように相手に振る舞ってもらい

たいとするならば、その内容を要求することが必要になるかもしれませんね。

D）を選んだ人は違いを受け入れる心がある方でしょう。バランスが取れている状態です。

E）を選んだ人は、より創造力豊かに、人生を楽しく過ごせているのかもしれませんね。

当たり前、普通ではないことを自己否定力により受け入れ、楽しむ。これができるようになれば、多様さを受け止める力が上がります。

では、以下、セルフワークに移ります。

◆セルフワーク◆

Step 1：自身を振り返る

現状、自身が「普通」「当たり前」と考えていることを以下の空欄に三つあげてみましょう。

①ー1
②ー1
③ー1

Ｓｔｅｐ２：その「普通」は本当に正しい？

Ｓｔｅｐ１であげた当たり前、普通に対し、第三者が客観的に見たとしても「それはそうですよね」と思われるような、正しいと言い切れる理由を書いて下さい。

その理由を裏付ける事案やデータをセットで記載できればなおよいです。

（例）

「コーヒーを飲むべきだ」に対し、

「コーヒーを一日一杯飲めば、全ての原因による死亡のリスクが１割強、心血管疾患による死亡のリスクが２割弱、脳卒中の発症リス

①ー２

②ー２

③ー２

クが2割強、それぞれ減少するというデータが存在する。

Step 3：当たり前ではないことを説明する

Step1、2で記入した内容について、それがそうとも言い切れない内容を考え抜き、その内容を否定してみましょう。

データが存在する場合は、そのデータを改めて探し、発見できればそれをエビデンス（根拠・証拠）として活用してもかまいません。

①ー２に対する否定

①ー２に対する否定

③ー２に対する否定

Step 4：否定を行うために、自身を客観視する

自分自身がどのように考えたか、文字にすることで、その考えが文字化され、気付きに繋がります。フリーアンサーです。20文字以上くらいで書いてみましょう。

「普通」という言葉が自分の口から出た時に、「あ、自分の中に枠がある！」と気付けるようになってくれば、かなりの成長です。

否定した理由を20字以上で

トレーニング3　会社の就業規則を見て、書かれている理由を探る

会社勤めをされていると、会社での働き方のルールである就業規則を見たことがある方も多いでしょう。そこに書かれている文章は、法に触れない範囲で会社（場合によっては外部のコンサルタントである社会保険労務士など）が考え、従業員の代表者に意見をもらった上で、労働基準監督署に届け出をするのが一般的です。そのため、その条文がなぜ就業規則に盛り込ま

れているのかについて、詳細の意図まで把握している人は少ないでしょう。知っているとしても、一部の人事担当者や労働組合がある会社はその組合幹部あたりまででしょう。

そのような就業規則を使い、自身の自己否定力のトレーニングを行ってみます。要は、その規則、その条文を考えた人が別におり、自分で考えていないその内容について、作成した人間の立場に立ち、なぜその条文を入れたのかを第三者的に考えてみることで、自分とは異なる考えに気付くトレーニングです。

◆セルフワーク◆

Step 1：疑問に思う就業規則の条文をピックアップ

会社に存在する就業規則の条文を読み取り、なぜそんな条文が作られているのか疑問が浮かんだものを3本ほど、以下の空欄に書いてみましょう。

①
②
③

Step 2：なぜ条文が作られたか、理由を3点ずつ考える

一つの条文について、その条文が作られた理由を探り、3点ずつあげてみましょう。それが合っている、間違っている、ではなく、仮の理由でいいので、いろんな視点から考えることがトレーニングに繋がります。三つ目には少し切り口の違うものをあげられるようになるとなおよいでしょう。以下に例文を示します。

（例）所定の場所以外で許可なく火気を使用しないこと

①他社の人が所定の場所以外での火の取り扱いを見た時に、会社全体がいい加減と思われてしまい、会社の安全に対するイメージがダウンするから。

①の理由	
②の理由	
③の理由	

②火の始末を正しくできなかった場合、その火が他の可燃物に引火し、火災を引き起こす可能性があるから。
③所々に設置してある熱感知器が反応してしまい、スプリンクラーや自動消火剤が作動して、処理、後片付けに多大な費用と労力を要してしまうから。

考え、答えが一つではないことに気付けるようになってきましたか?

Step 3:作成者の立場になって考えてみる

現在の就業規則条文には入っていないが、このような内容は入れるべきではないかと自身で考えた内容を三つピックアップしてみましょう。

①
②
③

Step 4：条文案を自身で否定してみよう

Step3でピックアップした案を自分で否定してみましょう。自己肯定―自己否定のメトロノームですね。

自分自身で行った思考を深掘りしてみて結論を出すが、その後、そこから一歩引いてみてそれらを否定する。この繰り返しを行うことで、自分自身が考えたことに盲目的に突っ走ることがなくなり、クールにバランスの良い判断ができるようになってくるのです。否定の仕方としては「前提くずし」がおすすめです。

〈前提くずし　例文〉

私が立てた条文Aの＊＊の部分は、前提が違います。なぜ、そう言い切れるかと言えば、〇〇だからです。

①に対する否定
②に対する否定
③に対する否定

トレーニング4（番外編）自己否定で視点、視野を広げる

自身が普段「当たり前」と思っていることと異なる要求をしてみましょう。人に迷惑をかけない、法や規則に触れないレベルかつ、もっと良いやり方で。

いわゆる、「当たり前」「普通」がいかに狭い世界で考えられているのか、頭の中だけでなく、身をもって知ることも大切です。そのためには、本書の中だけで考えるのではなく、日常の世界の中で「体験」を積み重ねることも自身にとって良い薬となります。

いつも、そのようにしている行動を自分で否定し、新しい世界を見ることで、視点、視野が広がります。それが自身の更なる成長に繋がります。同じ行動を繰り返すことは楽ですが、考えが固くなってしまう原因になります。ここでは、部下、後輩、子どもなど、自身の指示に従う人に対する要求を使って考えてみましょう。

◆セルフワーク◆

Step 1：部下への要求を10個記す

部下、後輩、子どもなどに対し、「日頃、要求していること」を思い浮かべて、以下に10個記してみましょう。

（例）

・（部下に対し）報告はメールでもらいたい

・（部下に対し）資料を要求したら、次の日の朝一番にほしい

・（部下に対し）こちらの指示に対応できない状況なら引き受ける前にその状況を報告してほしい

・（後輩に対し）資料コピーは白黒で充

誰に？	どのような内容？
に対し	①
に対し	②
に対し	③
に対し	④
に対し	⑤
に対し	⑥
に対し	⑦
に対し	⑧
に対し	⑨
に対し	⑩

分

・（後輩に対し）こちらが呼んだら、1秒以内に返事してほしい

・（子どもに対し）試験が終わって結果が返ってきたら、間違えたところは即日、復習してほしい

・（子どもに対し）友達と約束がある日は先に教えてほしい

Step 2：10個の要求を広い視野で再考する

上記「日頃、要求していること」について、その要求内容とは異なる方法で、かつ、より良くなる方法はないか？　を広い視野で考えてみましょう。

Step 1で記載した内容について、そのやり方でない要求内容を考えましょう。ただし、今の要求内容の目的を変えずに、お互いがWin-Winになるような内容で考えるとなおよいです。

（例）	
（部下に対し）報告はメールでもらいたい	詳細内容以外の報告はボイスメールでもらいたい
（後輩に対し）資料のコピーは白黒で充分	コピーは不要。データでiPadに飛ばしてくれればいい
（子どもに対し）友達と約束がある日は先に教えてほしい	友達との約束を入れない日を月1日だけでいいので、決めてほしい

埋められるところと埋められないところがあると思われます。①～⑩の中から、埋められそうなものを五つ選び、書いてみましょう。

【記入するコツ】

1, 当初のやり方を選んだ目的を確認する（何のために、そのやり方を支持しているか）。……抽象化する。

2, その目的に合うのなら、手段は変えてもよいと、幅広く考えてみる。特に何らかの前提に囚われすぎていないかと考え、「前提がなければ？……」とすれば考えやすい。

3, 具体的に浮かんだ内容をまとめ、記入する。

番号	誰に？	どのような内容？
	に対し	
	に対し	
	に対し	
	に対し	
	に対し	

Ｓｔｅｐ３：異なる要求ができないか考える

埋められなさそうな内容について、Win-Win にならなくても、より良くならなくてもよいので、異なる要求ができないか考えてみましょう。

Ｓｔｅｐ２では埋められなかった内容についてもあきらめるのではなく、日ごろの要求内容を変えられないか、考えて書いてみましょう。

思い込みでその考えは一つしかない！　と決め付けるのではなく、幅広い思考はできるようになってきましたか。

番号	誰に？	どのような内容？
	に対し	
	に対し	
	に対し	
	に対し	
	に対し	

【閑話休題】取り組み続けるために、数値目標を設定する

トレーニング実践、続けてもらってますでしょうか。続けていこうとすると、三日坊主という壁にぶち当たってしまう人も多いでしょう。三日坊主になってしまう理由は大きく分けて三つあると考えます。

① ゴールが見えないから
② 成長実感が伴わないから
③ やり続けられる方法を見付け切れないから

よくできるビジネスパーソンの中には、ランニングやスポーツジム通いなど、運動を継続して実施する人がいます。これは仕事にも結び付くものだと考えています。それらのスポーツは三つの要素で構成されています。

つまり、
A）自分で目標設定ができ、
B）その目標が到達できたかどうかがすぐに判定でき、
C）どのような行動をすればその目標に到達するのかが比較的分かりやすい

そしてこの流れを、自身の仕事にも活かしていくことで、結果も生まれやすくなるわけです。

その中で①のゴールの設定についてですが、数値で設定できていますか。

いろんな会社で研修を行い、ゴールや目標の設定をしてもらうケースが多いのですが、往々にしてよくあるのは、ゴールの書き方が抽象的な「国語的表現」のみで終わっていることです。

・営業で成績を残すために、足で稼ぐことを意識し行動する。
・無事故無災害を実現するために、朝礼で呼びかける。
・事務の効率アップのために、システムの導入を検討する。

これらの表現は行動指針を示しているものにすぎません。つまり良い目標とはなっていないわけです。

・営業で前年比105%の成績を残すために、1ヶ月15件の引き合い、成約率60%を実現する。
・無事故無災害を実現するために、昨年度最も多かった転倒事故予防に関し、足元注意箇所での指さし点呼指導を1日5回、5名のメンバーに対し実施し、その実施状況を毎日記録に取る。

・事務作業での個人別繁閑のばらつきをなくし、一人当たり時間外労働月10時間以内を目指すため、500程度存在する作業のうち月10件ずつ標準作業書を作成する。

一つでも数字を入れて目標を考えようとすると、上記のように具体性が増してきます。そして数字があることで到達できたかどうかを終わった後に測ることができます。

それがはっきりすれば、うまくいっている時は継続すればよいでしょう。また、うまくいかなかった時はどこかに行動の問題があると考え、対応、修正を行うことができるはずです。そのように、自分で気付いて自分で行動、修正できる状況を作ることが大事になってきます。

話を元に戻すと、実施していただいているトレーニングも、その考えに基づいて実践してもらえるとよいのです。つまり、トレーニングを実施する前に数字と期日の入った目標を設定し、その数字に自分の行動が近付けられているのかを確認しながら進めるとよいのです。

ちなみに、期日についてはあまり長いタームで設定してもモチベーションが続きません。最初は3日とかひと月のように、ある程度短い期間で対応していくことが、継続的に取り組み、続けられるコツになるでしょう。

スキル3 拡散思考スキルの習得

トレーニング1 自身の案、仮決定に「他には」「プランBは」と考える

拡散思考を行うためには、よく使えるフレーズをマスターしたいところです。

・他には？
・それだけ？
・もう一つない？

などがあげられます。

一旦自身が考えたことに疑問を持ち、それだけではない何かに気付くことができるかどうかです。それをやるだけで視点が広くなり、本来気付けなかったことに気付けるようになってきます。

一つの考えだけを掘り下げて考えるのではなく、横に広げるイメージで進めてもらえればよいでしょう。結構楽しく取り組める内容が多く、練習もしやすいスキルだと言えます。

ここでは、主に、「他には？」「プランBは？」と考える練習をしてみましょう。

Step 1：業務計画をワンペーパーでまとめる

自身が仕事で進めている業務について、その計画を一旦書いてみましょう。そもそも、元々考えている計画などがない状況で他のプランを考えるのは難しいです。

まずここでは自身がリーダーとして取り組もうと考えている内容を計画っぽく記載してみるところから始めましょう。ワンペーパーで簡単に計画をまとめることができれば十分です。次ページのフォームに言葉を埋められるよう取り組んでみて下さい。埋まらないところはスルーでもOKです。

《プランA》

現状、何に取り組んでいる？	
なぜ、それに取り組んでいるのか？（目的）	
誰が主体で取り組むのか？	
ターゲット（相手）は誰か？	
開始日はいつか？	
いつまでが終了期限か？	
実施場所は？	
提供先（供給先）は？	
具体的な取り組みプロセスは？ Step 1	

Step 2	
Step 3	
Step 4	
Step 5	
どのくらいの資源、設備が必要なのか？	
その取り組みによる収益（入金）はいくらか？	
その取り組みによるコスト（経費）はいくらか？	
その取り組みによる利益（儲け）はいくらか？	

Step 2：「他には？」「それだけ？」「もう一つない？」

Step 1で記載した簡易計画について、「他の視点、切り口はないか」を検討します。ここで、先ほど解説した「他には？」「それだけ？」「もう一つない？」の出番です。埋めたマスに対し、自身でそれを問いただし、別の観点から追記してみましょう。

次のページに記入欄があるので書いてみましょう

①目的自体がそれで正しいのか、再度確認する

よくあるのは、目的を一定の方向で固定的に考えて、その目的から外れていることを見えなくなる点です。自身が立てた目的が、それで合っているのかをじっくり考えることが大切です。

②取り組む主体が自分一人になっていないか確認する

何でも一人でやるという考えを持った方がいます。一人でやれる方法を考えるのは大切ですが、多くの人を巻き込んで仕事をした方が結果は出やすいものです。成功確率を上げるためにも、巻き込める人がいないかどうかよく考えましょう。

③Step 1から5までの進み方は1から書いてもよいし、5から逆算して書いてもよい

今回は記入順について細かく指摘することはありませんので、自身のやりやすいやり方で進めてみて下さい。

《プランB》

何に取り組んでいる？	ここは同じテーマですので未記入でＯＫです。
なぜ、それに取り組んでいるのか？（目的）	プランＡの他には？
誰が主体で取り組むのか？	プランＡの他には？
ターゲット（相手）は誰か？	プランＡの他には？
開始日はいつか？	プランＡの他には？
いつまでが終了期限か？	プランＡの他には？
実施場所は？	プランＡの他には？
提供先（供給先）は？	プランＡの他には？

具体的なプロセスは？Ｓｔｅｐ１	プランＡの他には？
Ｓｔｅｐ２	プランＡの他には？
Ｓｔｅｐ３	プランＡの他には？
Ｓｔｅｐ４	プランＡの他には？
Ｓｔｅｐ５	プランＡの他には？
どのくらいの資源、設備が必要なのか？	プランＡの他には？
その取り組みによる収益（入金）はいくらか？	プランＢでは？
その取り組みによるコスト（経費）はいくらか？	プランＢでは？
その取り組みによる利益（儲け）はいくらか？	プランＢでは？

書いていく中で幅広い思考はできてきましたか。前ページの記入パターンは一般的に言われる5W3Hを使っての拡散でしたね。このような思考フレームをいくつか持っておくだけで、幅広く物事を考える習慣が付いてきます。

次のスキルトレーニングも、別のフレームで考えていく手法となります。続けて取り組んでみましょう。

トレーニング2　新商品、新サービスを提案する（オズボーンのチェックリスト）

これはよく知られた内容ですので、取り組んだことがある方も多いのではないでしょうか。以下、九つのキーワードで発想を展開させ、新しいもの（アイディア）を見付ける手法です。

一度やってみました。お題は「リンゴ」です。仮にリンゴをもっと拡販したいとします。そんなアイディアの例です。バカバカしいと思わず、見て下さい。

このように書いてみる中で気付きが生まれてくるはずです。

ではやってみましょう！

キーワード	展開方法（例）
① 転用	そのままで新しい使い方をしてみたら？ 同じものでも使い方を変えてみたら？
② 応用	ほかの分野で使ってみたら？ 状況に合わせて変化させたら？
③ 変更	使う意味を変えたら？ 色、動き、音、匂いなどを変えたら？ 形を変えたら？
④ 拡大	大きくしたら？ 増やしたら？　付け加えたら？ 時間をかけたら？
⑤ 縮小	小さくしたら？ 減らしたら？ カットしたら？
⑥ 代用	何かの代用品にしたら？ 他の材料、モノとして使ったら？
⑦ 再配置	入れ替えてみたら？ 順番を組み替えたら？
⑧ 逆転	反対にしてみたら？ 後ろ向きにしてみたら？ 上下を裏返してみたら？
⑨ 結合	A と B をくっ付けてみたら？ 考えを合わせてみたら？ 一緒にやってみたら？

キーワード	展開方法（例）
① 転用	絵のサンプルとして売る 芳香剤として売る
② 応用	冷凍リンゴとして売る（冷凍ミカンの応用） ビタミン補給食品として売る（サプリメント）
③ 変更	色を変える（赤リンゴ、青リンゴ、黄リンゴ、桃リンゴ、緑リンゴ）……戦隊リンゴ
④ 拡大	デカリンゴ 蜜増強リンゴ
⑤ 縮小	姫リンゴ 芯がないリンゴ
⑥ 代用	大根おろしの代わり（おいしいですよ！） 酢豚のパイナップルの代わり
⑦ 再配置	捨てる芯を使い、リンゴジュースを絞る 捨てる芯を干し、アップルティーにする
⑧ 逆転	冷やして食べずに焼きリンゴ 間引きした捨てるリンゴで酢を作る
⑨ 結合	なしリンゴ（なし＆リンゴ） スモリンゴ（すもも＆リンゴ）

◆セルフワーク◆

Step 1：自社商品から思考を広げてみる

自身（自社）が販売しているもの、提供しているサービスを一つピックアップします。まずはどんなものでもかまいません。自身（自社）が販売している、既存の商品や、提供している既存のサービスを一つピックアップし、そこから展開させていきましょう。

サービスの例を鉄道業で言えば、「お客様をA地点からB地点まで運ぶ」というサービスを行っているわけです。ソフトウェア製作会社の方で言うなら、その「ソフトが円滑に動き続けるフォローアップとメンテナンス」というサービスを行っていますね。そのような切り口でピックアップしてもらえればいいでしょう。

話が広がりやすいものを選ぶと簡単に想像もできるでしょうし、慣れてくれば展開させにくいようなキーワードを入れてみると、思いもよらない発想が浮かぶケース

既存の商品・サービスから一つピックアップし記入する

もあります。

Ｓｔｅｐ２：オズボーンリストを使い、思考を拡散。

それではいよいよ、リストを使って強制的に拡散させていきます。左ページに表がありますので、各欄に合う言葉を埋めていって下さい。記入する言葉は単語でも文章でもよいです。転用、応用などの言葉の意味は、ページが行ったり来たりしますが、１８３ページの表に載っていますので、それを見ながら考えると効果的です。

例えば「転用」の欄に「応用」的な言葉を書いてしまうことがよくありますが、それは気にしなくて大丈夫です。「転用」「応用」などはあくまでもアイディアを引き出すための単語にすぎません。細かいことは気にせず、マスを全部埋める気で考えるのがよいでしょう。さらに一つ、念のために付け加えておきますが、出てきたアイディアなどについて、そこで瞬間的に「自己否定力」を使うのはやめましょう。「他にないかな?」と考える際には使ってＯＫです。バカバカしいものでも、一旦ピックアップしてみることが思考を拡散させるためには大切です。この場面ではあくまで自己否定力は固定観念の打破に活用するというイメージで使っていくとよいでしょう。

では、スタートです。制限時間は15分ほどでやってみましょう。

キーワード	展開方法（例）
① 転用	
② 応用	
③ 変更	
④ 拡大	
⑤ 縮小	
⑥ 代用	
⑦ 再配置	
⑧ 逆転	
⑨ 結合	

面白い内容が出てきましたか。これを具体的なビジネスに展開させるために、また、そこでいったん否定に入り、思考、検討することで、より磨き上げができます。「自己肯定―自己否定」の繰り返し。メトロノームの動きを大切にしてもらいたいところです。

Step 3：検討可能なものを選び、リスクを再検討する

実際にビジネスとして検討し得るものを一つ取り上げ、それを展開させるために存在するリスクをリストアップします。

出てきたたくさんのアイディアの中で、実際に企画として考えても面白いと思えるものを一つ取り上げて下さい。そして、その取り上げた内容に関し、「もしそれを展開するとして、うまくいかないなら、どういうことが考えられるか？」「展開するリスクは何か？」について、自身で再検討を行うことで、より深い磨き上げができるようになります。

ここがはっきり見えてくる中で、より具体的なビジネスプランとしてどこを詰めていけばよいかも見えてきます。

展開させても面白い、と思えるものを一つ取り上げる

リスク	大枠の解決方法	解決するために自身がすべきこと

トレーニング3　マークシートの問題など、選択肢以外の答えを考える

今の試験制度はマークシート全盛時代です。多くのビジネスパーソンが過去、マークシート試験を受けたことがあると思います。各学校の入学試験はもちろん、多くの資格試験にも取り入れられています。多くの受験生がいる中で、集計結果を正確に出すためには良い手法であることは間違いないのではないでしょうか。

しかし、マークシート試験には最大の問題があります。それは選択肢の中に答えが一つ必ず入っているということです。数学の計算や、財務関連の問題のように数字で答えが必ず一つ出てくる試験や、法令の文言を正確に記すなどの試験であれば、全く問題はないのですが、そうでない試験に関しては、必ずしも答えが一つであると言い切れません。あくまで回答に近いものを一つ選んでいる状態にすぎないものもあるのです。

試験に合格する対策を行う中では、マークシートの答えを見付け出す作業をどれだけうまくできるかというところもポイントになっていることは間違いありません。

しかし実際のビジネス社会では選択肢が必ず示されていることはもちろんありません。答えを自分で見付けてこないといけません。選択肢を示してもらわないと答えを見付けることができない。できるビジネスリーダーはそれでは困ります。

ここでは過去に受けてきたマークシート試験に焦点を当て、別の選択肢が探せないか、別の表現がないか、などを考えるトレーニングをしてみましょう。

事前準備：まず試験問題を用意する

いわゆる選択式問題、（　）の中に穴埋めするような問題、文章を自身で考える必要がある問題などが掲載されている何かしらの試験問題を準備します。

中学生レベルの国語や社会関係科目の問題や、合格率が50％以上ある資格試験などがやりやすいとは思いますが、特にこだわりはありません。私は研修の仕事をしながら、もともと働いていた食品・外食業界との結び付きもあることから、空いた時間で調理師試験の講座運営も行っています。調理師試験の試験問題なども、結構使いやすいとは思います。

それに限らず、ご自身がこれから身に付けていった方がよいと認識している内容の問題が載っている冊子を1冊見付けてきて、準備してみましょう。

◆セルフワーク◆

Step 1：選択肢以外の答えを三つ出してみる

その設問内で選択肢に示されている内容「以外の答え」について、どんな内容でもいいので、発想し、違う答えを三つ出してみましょう。どんな答えでもかまいません。違う答えを探すプロセスが大切です。

・ぶっ飛んだ答え
・なぞなぞの答えのようなひねった答え
・落語家がよくやる大喜利などで出てきそうな答え

など、いろんな答えを考えてみましょう。

3枠空けておきますので、記入してみましょう。

問題をお持ちでない人もいると思いますので、先述した調理師試験の過去の問題をいくつか記しておきます。食べ物に関係ある話ですので、身近であり、初めて見る方でも分かりやすいと思います。

①
②
③

〈例題〉

★食べ物とその食べ物をおいしく感じる温度の組み合わせとして正しいものを一つ選びなさい。

《食べ物》　《温度》
1 紅茶、緑茶……約100℃
2 茶わん蒸し……約60〜65℃
3 アイスクリーム……約0℃
4 冷やっこ……………約5℃

（令和2年東京都などで実施された調理師試験より。ちなみに正解は2）

〈選択肢以外の答えの例〉

①ビール……0℃（凍りかけのビール、最高！）
②麻婆豆腐……80℃以上（口の中を火傷しそうなくらいの出来立てをフーフーしながら食べると最高！）
③ポテトチップ……70℃以上（電子レンジで15秒温めて食べると、揚げたて感があって最高！）

なにそれ！　という答えも返ってきそうですが、そんなバカバカしい答えでよいのです。

では、やってみましょう！

〈問題〉

★砂糖の「味を甘くする」以外の効能に関する記述について、正しいものを一つ選べ。

1 でんぷんの老化を防ぐ。

2 たんぱく質の熱凝固を促進し、硬くする。

3 アントシアニンに作用し、色を赤くする。

4 魚の骨を軟らかくする。

（令和2年関西広域連合調理師試験より一部変。ちなみに正解は1）

砂糖の使い方が他に想像できそうですか。3枠空けてお

〔砂糖の使い方〕

①
②
③

きますので、記入してみましょう。

面白い、ぶっ飛んだ答えを出せましたか。

トレーニング4（番外編）美術館に行き、作品のテーマを自由に想像する

皆さんは美術館に行ったことがあるでしょうか。美術に興味のある方以外はなかなか立ち寄ることのない場所ですが、自己否定力を磨くためには、このような芸術、美術に力を借りることもよいものです。芸術、美術には答えがありません。

人それぞれの感性、考え方、価値観などで、捉え方は大きく変わってくるものです。同じものを見ても、他の人と同じように考えたり、感じ取ったりすることは難しいです。その違いに気付くことも大切でしょう。

◆セルフワーク◆

Step 1：美術作品でテーマの発想をしてみる

美術作品が載っている本を買って、作品をチェックした後、自身で作品のテーマ名を発想し

てみましょう。

どんな作品集でもかまいません。オンライン美術館などネットで探してみてもOKです。それを見て、以下のステップで進めてみて下さい。

①芸術作品を鑑賞する
②その芸術作品にテーマを設定する（20文字以内で）
③別のテーマ名を設定する（20文字以内で）
別のテーマを設定する理由は発想を広げるためです。自身が一度出した答えをいったん否定し、新たに考え直すプロセスが大切です。
④その芸術作品に名前がついている場合は、その名前と自身が考えたテーマとの関連性など、気

②

③

④

付いたことをメモしてみる

Step 2：実際に美術館に行ってテーマを発想する

実際に美術館などに行き、作品をチェックした後、自身で作品のテーマ名を発想します。どこの美術館や展示館でもかまいません。中に入り、作品を見たら、以下のステップでワークを進めてみて下さい。

① 芸術作品を鑑賞する
② その芸術作品にテーマを設定する（20文字以内で）
③ 別のテーマ名を設定する（20文字以内で）
④ その芸術作品に名前が付いている場合は、その名前と自身が考えたテーマとの関連性など、気付いたことをメモしてみる

②
③
④

Ｓｔｅｐ１，２をやってみていかがでしたか。まず、一旦自身が設定したテーマを頭の中から消し去り、もう一度別のテーマを設定する難しさを感じたのではないでしょうか。これこそが自己否定力のトレーニングです。自分が考えたことを脇に置き、別の観点でものを考えることは難しいものです。トレーニングを継続して鍛えていきましょう。

今回のトレーニングでは、その作品に名前が設定されている場合、その名前と自身が考えたテーマ名との関連性などについて記入する欄を設定し、考えられるようにしました。全く関連のないテーマを記入してしまった場合、実際のテーマ名と自身の書いた内容をどのように結び付けるかが難しいと思われます。しかし、同じ絵を見て考えたわけですから、何かの接点があるはずです。その接点をカギに関連性を考えることで、全く関係ないように見える二つの事象を結び付けるトレーニングになります。やってみてそのカギが見つかった時にうれしさが倍増します。そのカギ発見トレーニングも並行してやってみて下さい。このように一見関係のない二つの物事を俯瞰し、そこから何かを見つけ出すトレーニングはこの後出てくるスキル５（俯瞰スキル）に実施しますので、そこでも鍛えていきましょう。

別の効能として、このあと実施するスキル４（相手の考えを把握する）にも繋がります。サービス業で長く働いていた私は、お客様がどのようなことを考え、何を要求しておられるのか、どうすれば楽しんでいただけるのかについて日頃から考えていました。しかしなかなか良いトレーニング方法が見つからず悩んでいた時に、この美術館の方法を大先輩から教えてもらい、実践してみました。できるだけ作品名が展示物の横に書かれている美術館に行くようにしました。最初は想像したテーマ名と本当の展示物の名前には大きなギャップがありました。しかし、何度か繰り返しているうちに、同じ文言になるわけではないですが、本来の作品名に近い表現でテーマ設定ができるようになりました。

それは、その作品を作ったり書いたりした方の考えが、自身の考えとほんの少しでもマッチングしているということです。やってみると分かりますが、マッチングしている状況が起きると、とてもうれしくなるものです。

そして、それが普通にできるようになった頃から、より相手の感覚や感情がどのようなものかに気付けるレベルが上がったように感じていました。それは潜在ニーズを探るためにとても大切な能力ともなります。

お客様や市場に問えば、ニーズは返ってきますが、返ってきた瞬間にそれは顕在ニーズとなり、また、競争が始まってしまいます。

市場が欲するのはどのようなものか、今求められるものが何なのか？ について、潜在的なものを把握したい、と考えるサービス業の方にとって、このトレーニングは有用なものとなるでしょう。トレーニングを継続し、市場やお客様、上司、関係者、部下後輩など相手の考えていることが少しでも予測できた事例をあげてみましょう。

トレーニングの成果かどうかで迷うでしょうが、思い切って以下に書いてみることで、対人スキルに対する自信にもなります。三つの欄を作りましたので、埋められる方は埋めて下さい。

上司、関係者、部下、後輩の考えていることが予測できたこと
①
②
③

スキル4 相手の考えを把握するスキルの習得

トレーニング1 傾聴、返答（感情返し）をテレビ、ラジオ、文字などで

自分の考えに固執することなく、多様な考えを受け入れるためには、他人が話していることを理解しようとすることは大切です。そしてそのためには当たり前すぎますが、相手の話を聞けることが不可欠です。

「そんなの普段からやっているよ」と思う人は多いかもしれません。しかし相手の話を聞けているというのは、自分から見て聞けているということではなく、相手から見て話を聞いてもらえているという感覚を相手自身が持てるようにこちらが話を聞くということに他なりません。

例えばこんなケースはどうでしょうか。

相手：私、昨日、○×ラーメンに食事に行ったんです。
　ここの醤油ラーメンは抜群にうまかったですよ。

私　：へえ。私はうどんを食べましてね。
△△町の◆◆食堂のきつねうどん、最高にうまかったですよ。

いかがでしょうか。この返し方で、相手は「話を聞いてもらえた」という感覚になるでしょうか。この返し方では話を聞いてもらえたとはならない、と認識しましょう。ではどのように返せばよいのでしょう。

相手：私、昨日、○×ラーメンに食事に行ったんです。
ここの醤油ラーメンは抜群にうまかったですよ。

私　：醤油ラーメン！　うまそうですよね！

これで話を聞いたことになるの？　と疑問に思う方もいるかもしれません。しかし、こちらのケースの方が、相手から見ると話を聞いてもらえたとなるのです。できている人からすると当たり前の話ですが、対話をしていても、できていない人がかなり多く感じます。私が研修を実施する中でも、新任管理者の半分以上の人はできていないように見えます。

相手が話してきた内容を鏡のように返している状態ですね。「キャッチボール返し」とでも言うでしょうか。一つのボールが投げられて、そのボールを相手に投げ返す感覚です。慣れていきたいところです。

ただ、相手が言っていることをそのまま繰り返しているだけだと、いずれかのタイミングで「それ、繰り返しているだけだろ！」ということで相手にバレてしまいます。

ですから、そういった返し方だけではなく、もう少しレベルアップを目指したいところです。それは「感情返し」と言われるものです。「感情返し」とは、相手の人がこう思っているだろうな、と思う心の中をイメージして、その感情を言葉にして返してあげることです。

相手：私、昨日、〇×ラーメンに食事に行ったんです。
　ここの醤油ラーメンは抜群にうまかったですよ。

私　：わ！　いいっすよね～！

このように相手が言っていることそのままではなく、「抜群にうまかったこと」→「とても良かったと誰かに伝えたい！」という感情を受け止め、言葉にして返してあげることが大切になります。

ここからがトレーニングの内容です。この返し方を普段から誰かに話しかけられた内容に対してできるよう練習します。慣れないとなかなかその言葉が出てこないので、練習して慣れていくしかありません。

話しかけられる相手をセルフトレーニングで作るのは難しいので、ここではテレビやラジオを使います。そこから聞こえてくる声に合わせて、その相手が思っているであろうことについて感情返しをしていく練習を繰り返してみましょう。

◆セルフワーク◆

Step 1：まずは感情のアウトプットを文字でやってみる

まずは文字ベースで感情返しをやってみましょう。会話の中で瞬時に「感情返し」で返せるようになるためには、まず、どのような言葉を選べばよいのかを、ゆっくりでもよいので考えてアウトプットできるようになることが大切です。

以下、設問を用意しましたので、感情返しで答えてみましょう。

相手の発言	感情返し
昨日買った、やわらか指導術の本、面白かったよ。	
先週、山登りをしましてね。足が痛かったけど、爽快でした！	
テレビが壊れてしまってね。買いに行ったけど、どれを選べばよいか分からず、大変でした。	
仕事がうまくいかずに困っているんです……。	
買った株が、値上がりしたんでそろそろ売ろうと思っているんですけど、どう思います？	
田舎の墓じまいをしたくてね。いい方法知っている？	
昨日もらったこの書類、結構間違いが多かったよ！	

三つほど、模範解答を付けておきますね。

本	わぁ、そんな本があれば、人に教えたくなりますよね～
山登り	疲れも吹き飛びますよね～
テレビ	いろいろ売っていますし、悩みますよね～

いい感じで答えられましたか。

※気を付けないといけない返し方

(5番目の設問)

相手：買った株が値上がりしたので、そろそろ売ろうと思ってるのですけど、どう思います？

私　：あ、それは○○した方がいいよ。

と返すのは「感情返し」にはなっていません。質問に答えて下さい、という問いではありません。質問されても、それに直接答えるのではなく、その相手の気持ちを返すことが大切になります。以下のような感じです。

相手：買った株が、値上がりしたのでそろそろ売ろうと思っているのですけど、どう思います？

私　：ね～……、値幅が取れてきているところでしょうし……。なかなか難しいところですよね。

このような返し方ができるとよいでしょう。

Step 2：音声レベルで感情返しをやってみる

テレビやラジオから語り掛けられる言葉を使い、感情返しをします。文字でできるようになったら、今度は即興でできるように、聞こえてくる声に対して、感情返しをやってみましょう。実践したこと（番組名、時間など）を記録してみましょう。やってみていかがでしょうか。チェックしてみましょう。

□ 3秒以内に感情返しができるようになってきた！ OK！
□ なかなか考えないと出てこない。スピードアップを図ろう！
□ 違う言葉を話してしまう。文字での感情返しに戻ってみよう！

練習で繰り返し実践することで慣れてきますので、継続して下さい

感情返しをやってみて、自身で気付くことを書いてみましょう

トレーニング2　ディベートテーマを設定し、相手の主張を複数リストアップ

ディベートとは、特定のテーマについて肯定派と否定派に分かれて主張し、最終的に勝敗を決める討論のことです。研修でも取り扱われることが多いワークですが、通常この勝敗の判定は第三者が行います。その判定のカギは、第三者から見ていかに納得できる内容を主張できるかということです。

上手くいかない人やグループのパターンは決まっています。それは、自分たちの主張だけにこだわり、相手の話を聴かず、「自分たちが正しいと思うこと」だけを声高に言い続けます。それは単なる「自己主張」にすぎず、それをもって相手に納得してもらうことは難しいです。研修ではそれでも「面白かったね」で済むかもしれませんが、ビジネスシーンではそのようなやり取りだけだと役に立ちません。

では、どうすれば相手の主張に切り返し、勝つことができるでしょうか。それは、相手がどのような主張をしてくるかを事前に予測し、その論点について情報を整理して、ピンポイントで反論できるようにすることです。予測をしようとするなら、本書のテーマである「一旦自分が立てた案、考え」を否定し、「相手の立場ならどのように考えるか？」を客観的にイメージして、整理することが大切です。その練習をしていきましょう。

◆セルフワーク◆
Step 1：新聞の社説で「べき論」を探す

まず「べき論」で語られているテーマを探します。書籍でも、新聞でもなんでもいいですが、文字ベースの媒体を読めば「べき論」で語られているテーマはいくつでもあります。それを探してみましょう。一番簡単に手に入るのは新聞の「社説」です。

以下に五つほどピックアップしてみましょう。

①
②
③
④
⑤

209ページに五つの「べき論」記入することができましたか？　あまり深刻に「べき」と考えるのではなく、一つの事象を極端に振り切ってみると、結構出てきます。100％か0％かを意識するとよいです。

(例)　水道管は全部耐震対応にするべきだ

それでもネタが出ない方向けに、参考としてよくあるテーマを五つほどピックアップしておきます。過激なものもありますが、どうしてもネタが浮かばない方はこのテーマで考えてみて下さい。

①	ペットボトル飲料は廃止すべきだ
②	ビルは8階建てまでに収めて建築すべきだ
③	食事は1日2食までにするよう、国が推奨すべきだ
④	動物園を増やすべきだ
⑤	ローカル線の鉄道は廃止すべきだ

Step 2：賛成、反対どちらかの立場に立つ

自身を賛成派、反対派のどちらかに設定します。はっきりとポジションを決めてしまいます。あなたは以下のテーマに対し、賛成しますか？　反対しますか？　どちらかに○を付け、明示して下さい。

テーマ①について	賛成　／　反対
テーマ②について	賛成　／　反対
テーマ③について	賛成　／　反対
テーマ④について	賛成　／　反対
テーマ⑤について	賛成　／　反対

Step 3：自分と反対意見の理由を考える

自身が取ったポジション（賛成／反対）とは逆の立場になった場合、どのような理由付けをするか、リストアップします。（5分測ってみましょう）】

自身が考えるポジションとは逆の理由付け（なぜなら〜だから）を、3分間で7個以上書き出してみましょう。きちんと計ってやってみて下さい。

【逆の立場】　賛成　／　反対　（○を付ける）
① なぜなら
② なぜなら
③ なぜなら
④ なぜなら
⑤ なぜなら
⑥ なぜなら
⑦ なぜなら

Step 4：反対の理由を基に第二の主張を考える

Step3で出した理由付けを基に、その理由の中で納得できる部分をうまく使い、第二主張を考えます。自身が考えた「逆の立場での理由付け」の中で、「それは確かにそうかもな」と思える部分はないでしょうか？　その部分を取り入れて、「第二主張」を作ってみましょう。

第二主張はただ単にその「べき論」について、賛成、反対ではなく、一部、相手の主張を受け入れた内容ですので、表記は単語ではなく、文章になります。

以下の欄を埋めてみましょう。

この理由付けを取り入れ	第二主張

第二主張を作ることで、意思決定における最終着地点もイメージした中、議論を進めることができます。それは、結果として想定の範囲内で議論を着地させることに繋がり、自身の心の中も安定化させられます。

トレーニング3　相手の考えを質問などで引き出し、深掘りする

他人に質問するというのは、自分の頭の中で疑問が湧いているケースがほとんどです。その疑問自体が発生する原因は、自分の考えとは異なるから、ということです。

そこで、直球的にその疑問を解決するための質問をして、自分自身が考えていることとの違いに気付こうとする姿勢を取る行為自体は何の問題もありません。

ただ本書のテーマである自己否定力を高めていこうとするのなら、違いに気付いた後で相手を責める思考にならないようにすることも大切です。相手を責めるのではなく、ただ単に相手との違いに気付き、楽しむ。そのような姿勢で相手に質問を投げかけ返答を受け止められるようになるとよいでしょう。

本書では、セルフトレーニングが行えるように構成をしております。本来であれば相手に対し質問を投げかけ、それに対する答えが、自身の考えとどのように違うのかを受け止めて、楽

しむことができると最もよいわけです。このプログラムは自身の周りにいる誰かとやり取りをしながら、気付くことができれば最も良い効果が出ると思います。

ただ、セルフトレーニング本ですので、どうにかして、「一人」でこのやり取りができるように構成できないだろうかと考え、以下のトレーニングを準備しましたので、ぜひ取り組んでもらえればと思います。

◆セルフワーク◆

Step 1：討論番組出演者の主張を3点あげる

テレビやラジオの討論番組（コメンテーターの解説がある番組）を視聴し、出演者が言いたいことを以下に記録してみます。三つほどにまとめておくと、主張の骨子が分かりやすいです。

①
②
③

Ｓｔｅｐ２：主張への質問を文字で投げかける

その主張に対し、より深い考えを引き出すための質問を、文字ベースでよいので投げかけてみましょう。

Ｓｔｅｐ１で記載した内容に対し、その相手に質問を投げかけ、相手の真意を確認するようにしてみます。

真意を問いただす質問としては

（１）話を広げる質問

（２）話をまとめる質問

があります。両方使いこなせるようになると、よいでしょう。

（１）話を広げる質問とは？

一般的に「オープン質問」などとも言われます。以下のようなキーワードを意識して質問をすると、話が広がっていきます

・What（なに）

・Why（なぜ）

・How to（どうやって、どのような）

・Other（他には）
・More（もう少し（詳しく））

（2）話をまとめる質問とは？

一般的に「クローズ質問」などとも言われます。いろんな種類がありますが、今回は絞り込みができるものを使ってみましょう。

・So What（それでどうする?）
・After all（要は?）
・Summary（まとめると?）

一つの主張に対し、三つほど質問がパッと出るようにしてみましょう。

①について	A
	B
	C
②について	D
	E
	F
③について	G
	H
	I

Step 3：自身の質問の対し、答えを二つ考える

２１７ページの記入欄にA～Iまで何らかの質問記入が終わっていると思います。その質問に対し、２１９ページの記入欄に自身が考えた答えを同じタイミングで二つ書くよう取り組んでみて下さい。ここでは、同じタイミングというのがポイントです。

一つ目は自身が普段から考えていることでしょうから、すぐに思い浮かぶでしょう。それ以外にもう一つマスが空いています。一つ目の答えが埋まった後、すぐに頭を切り替えて二つ目がパッと考えられそうですか？　30秒以内に残り一つを記入できるかチャレンジすることで、普段はしない考えのバリエーションを持てるようになります。（AnswerB）

なお、上級編として、今回、表は付けませんでしたが、この二つのマスがすんなり埋められる余裕が出てきたら、AnswerC（第3の答え）も出せるとなおよいでしょう。しかも、その三つ目はいわゆるMECE（モレなくダブりなく）化させ、答えを出せるようにするのです。それにより幅広く、バランスも良い思考が生み出されます。実は二つのマスを埋めるだけは、まだまだ考えが深くなりにくく、抜けが出やすくなったりする一面が出てしまいます。AnswerCを出せるようになることは、そのような状況をよりクリアにすることができる、ということにもなるのです。

Aについて	・
	・
Bについて	・
	・
Cについて	・
	・
Dについて	・
	・
Eについて	・
	・
Fについて	・
	・
Gについて	・
	・
Hについて	・
	・
Iについて	・
	・

トレーニング4（番外編）ゲームの駆け引きで相手の表情や雰囲気を読む

セルフトレーニングと言いながらもこのワークは実際に人間という相手が必要なワークとです。このスキルは「相手の考えを読む」ですので、相手を前にしたやりとりも、仕事以外の場面で体験してもらうことが大切になるため、番外編で入れてみました。

相手は身内でも第三者でも誰でも構いません。ただし仕事の現場でなく、遊びの場面で触れることがトレーニングになるということを認識し、チャレンジしてもらえればと思います。

トランプゲームのポーカーや麻雀など相手の手の内を理解するためのゲームが適しています。それらのゲームで勝つには論理的に考え、相手の捨て札、捨て牌などから確率を考え、自身の状況を踏まえて勝負に出るのか、降りるのかを決める必要があります。

これらのゲームで負ける人は、自分の手札、手牌しか見ておらず、「こういう手で上がりたいなあ」と考え、それを揃えにいっているにすぎないのです。

自分の希望に相手が合わせてくることはない、と否定的に捉えることが勝者への近道になります。そうなるために実行していただきたいのが「相手の表情や雰囲気から相手の考えを知る」ということです。もちろん表情や動作を見ただけで相手の手の内が読めないケースも多いでしょう。ただし、ゲームを進行していると、相手のふとした表情や雰囲気で「大きい手を狙っている……」「自信がなさそう……」などが慣れてくると、ある程度推察できるようになります。そうすると、商談や議論などで相手の意向を探った中で、どのような手を打つことが最善かが判断できるようになり、交渉力が上がります。

以下、ワークにチャレンジしてみましょう。

◆セルフワーク◆

Step 1：数多くゲームをして、負けを知る

ポーカーや麻雀で遊べる場を作り（または出向き）、実際にゲームをします。このワークは場数を踏むしかありません。ゲームを数多く積み重ね、負けを知ることが大切です。

何回チャレンジしましたか？　30回ほどチャレンジしていくと、少しずつ見えてくるものがあるかと思います。

どんどん遊んで、駆け引きのレベルを高めていって下さい。1回遊ぶごとに以下に色を塗っていきましょう。

なお、オンラインなど、表情や雰囲気、手の動きなどが読みにくい状況や、テレビゲームなどでは、相手の状況を察することが難しくなります。リアルでの体験こそが重要ですので付け加えておきます。

◆チェックシート◆

カードゲームや麻雀など、相手がいて駆け引きが必要なゲームに取り組んでみましょう。一回遊んだら、左のマスを一つ塗りつぶします。駆け引きは場数を踏むことが何よりも大事です。回数をこなして、相手の出方が読めるようになればいいですね。

21	11	1
22	12	2
23	13	3
24	14	4
25	15	5
26	16	6
27	17	7
28	18	8
29	19	9
30	20	10

スキル5 俯瞰スキルの習得

トレーニング1 「いま、〇〇している自分がいる」と感情を俯瞰する

俯瞰スキルをイメージすると、空にいる鳥が自分を見ているような感覚で捉えることになります。

自分自身を俯瞰できるようになれば、一旦自分が考えたり言葉にしたことを客観的に見つめ直し、視点の異なる別の発想ができるようになります。

ディスカッションをしていく中でそのような気付きを得られるケースも多いのですが、これを「一人で」できるようになると、会議での議論にも強くなり、自身が考えた通りの結論で物事が進む度合いも多くなります。仕事をより主体的に進めやすくなり、結果として仕事が面白い状態にしていけます。とはいえ人間というものは、どうしても自分の視点で物事を見てしまうことが多く、その見方だけだと偏ったものの見方になっているケースも多いものです。いろんな観点から物事を考える力は、仕事ができる人になるために必須の能力と言ってもよいでしょう。

では、トレーニングに入っていきましょう。

◆セルフワーク◆

Step 1：自分の考え、行動を俯瞰し気付きを文字にする

自分自身のことをすぐに俯瞰できるようになるのは難しいものです。ゆっくり時間をかけて、少しずつできるようになればよいと考えましょう。

・今、イライラしている自分がいる
・今、怒っている自分がいる
・今、お腹が空いている自分がいる
・今、仕事をしたくない自分がいる
・今、仕事を前に進めておかないとまずい、と考えた自分がいる

など、自分が考えたことをそのまま文字に表していきましょう。できれば、単一的視点ではなく、同じタイミングで複数の文言が書けることが大事です。人間は、同じタイミングで一つのことだけに意識を向けていることは少なく、いろんなことを考えたり感じ取ったりしている

ものです。それをなるべく多面的に捉え、文字にすることがコツです。その後、自分が感じ取っている内容に対し、スキル1で学んだ「ツッコミ」を入れていくようにするのです。

・そんなにブチ切れるところじゃないんじゃないの。
・お腹が空いてもやるべきことは先にやった方がいいよね。
・逃げてばっかりじゃ、後で時間がなくなって困ることになるよ。
・違うやり方もあるんじゃない？　考えてみたら？

など、俯瞰した自分に対し指摘、自問をすることで今取っている行動そのものが一面的な考えで行われていることに気付き、幅広い視点で物事を考えられるようになってきます。

書けましたか。自己を俯瞰し、その俯瞰した自分をさらに俯瞰します。繰り返しやってみて下さい。

今の自身の考えを１分以内に 三つ書いてみましょう。
① 今、
② 今、
③ 今、

それらに対して、スキル１で学んだツッコミ（１人ツッコミ）を入れてみましょう。

① について
② について
③ について

Step 2：自身の考えを俯瞰し気付き声に表す

文字で表すことができるようになれば、今度はそれを「声に出す練習」です。人がいるところでブツブツ言っていると変ですので、小さな声、難しければ口パク（口だけ動かして）やってみて下さい。その後、その内容に対し、「1人ツッコミ」も声に出してみましょう。いわば、1人俯瞰、1人ツッコミです。

やってみて、うまくいかないところをメモしておくと、自身の気付きになり、その点を修正してよりレベルアップできるようになってきます。

（うまくいかないところをメモしておきましょう）

メモ

Step 3：自身の考えを俯瞰し、気付きを心の声で表す

ここまでくれば、あとはその声を心の声に変え、実践することです。Step1、2を継続的に実践することで、このワークもすんなり進められるようになっていきます。

なるべく短い時間で、俯瞰⇩ツッコミができているかを自身で確認しながら取り組んでみましょう。

「今、〜」からスタートし、10秒以内に心の声でツッコミまで終了している状況が作れれば1回成功です。以下のマスを塗りつぶしてみて下さい。全部塗りつぶせたら、かなりのレベルアップはできているはずです。「10秒以内」が重要ですよ！

1	11	21
2	12	22
3	13	23
4	14	24
5	15	25
6	16	26
7	17	27
8	18	28
9	19	29
10	20	30

継続して実践することで徐々にできるようになっていきますので、あきらめずに取り組んでいって下さい。

トレーニング2 「自身より上位職なら、どう考えるか」と視座を高める

仕事を進めていて、上司がどのように考えるかが分からず行動した結果、上司の想定と違っていたことで、叱られた経験はないでしょうか。私は恥ずかしくも、かなりの頻度でありました。当然、上司と自分は違うわけですから、上司のことを100%理解するのはなかなか難しいでしょう。しかし「もし自分が上司ならどのように考えるか」というように、視座を高めて物事を見る習慣を付ければ、会社で働くにあたり、仕事が前に進む確率を高めることができます。

それは、結果として仕事でストレスを抱えることが少なくなることを意味します。長い人生、悪いストレスを抱え続けながら仕事をする時間を減らすためにも、上司が考えるような視座で、考える習慣を付けていきたいものです。

ではトレーニングを始めてみましょう。

◆セルフワーク◆

Step 1：上の立場なら、どう行動するか考えてみる

何かの業務、作業などについて、もし自分が「上司だったら」、「今の会社の社長だったら」、

というふうに考え、どのような言動をするのかを文字にしてみましょう。

先ほどのトレーニング1と同じですが、自身が上司だったら、などと立場を変えて考えた内容をまずは文字化してみましょう。

立場が変わると見えてくるものが変わります。また持っている権限や資源が違うので、それらを使ったよりダイナミックな手法に気付けることも出てくるでしょう。

マスが三つ空いていますので、「他には?」と考えてみることで、より深く考えることができるようになります。全部埋められるようにやってみましょう。

(何の業務？　仕事？)：

もし上司ならどうする？	もし社長ならどうする？

Ｓｔｅｐ２：想定する行動を声に出してみる

Ｓｔｅｐ１の内容について、どのような言動をするのかを声に出してみましょう。

これもトレーニング１と同じ流れです。「声に出す練習」です。

○○の業務について、上司だったら〜する。

△△の計画について、社長だったら〜する。

などと声に出すのです。

やってみて、うまくいかないところをメモしておくと、自身の気付きになり、その点を修正していくことで、よりレベルアップすることができるようになります。

うまくいかないところをメモしておきましょう。

メモ

Ｓｔｅｐ３：「もし○○だったら？」に心の声で即答する

Ｓｔｅｐ２の内容を心の声で表現します。これは即興編です。つまり、誰かから何らかのお題が投げかけられた際がワークのスタートです。なるべく短い時間で、「もし上司だったら」「もし社長だったら」と考え、心の声で即答できているかを自身で確認しながら取り組んでみましょう。

これは内容が深い場合がありますので、返答することは難しいでしょうが、少なくとも10秒以内に何らかの答えが思い浮かぶようになれば1回成功です。以下のマスを塗りつぶしてみて下さい。全部塗りつぶせたら、かなりのレベルアップはできているはずです。「10秒以内」が重要ですよ！

1	11	21
2	12	22
3	13	23
4	14	24
5	15	25
6	16	26
7	17	27
8	18	28
9	19	29
10	20	30

どんどんチャレンジし、経験値を上げていきましょう。

トレーニング3　「〇年後はどうなっていたいか？」に、今すべきことを探る

最近は企業などでも経営戦略、方針を考える際に、
①まず10年後の状態を想像し、その後
②5年後、3年後に何が実現していないといけないかを考え
③そのために、今、何をすべきか
というように時間を戻して考える手法（バックキャスティング法）がよく使われるようになりました。この手法を使うことで、単に「積み上げ」で考えた、現状の延長線上の着地でない、より高い理想や目標の実現に結び付きやすくなります。

このような考え方は、仕事力を高めるには打って付けのものです。将来自身がさらに成長し、いろんな立場で仕事をしなければならなくなった時に効果を発揮してきます。

また、「自身のキャリアを今後どのようにして高めていくのか」を考えるのに役立てることもできます。10年後の人生をイキイキした形で送っていくため、今何をすべきかを考える中で気付きも生まれてくるものです。

いろんな場面で活用できるものですので、使えるように習得しておきたいですね。では、そのトレーニングをしていきましょう。

◆セルフワーク◆

Ｓｔｅｐ１：自社の○年後を想像してみる

自身が活動している会社や組織が将来、どのようになっているのが理想なのかを長いスパンで想像してみましょう。単なる現状追認型の考えを否定することができるようになります。しかも、その否定はネガティブなものではなく、取り組むべきことも明確になり、今後自身が活動していくためのエネルギーにもなり得ます。それらを想像するための質問を以下に記しますので、書いてみましょう。大切にしたいことは「積み上げで考える」のではなく、「楽しく、

Ｑ１：○年後の理想の社会とは？　三つあげてみましょう。
①
②
③

Ｑ２：Ｑ１を意識した中での理想の自社（自組織）とは？三つあげてみましょう。
①
②
③

ワクワクするような未来」を想像し、「こんな未来だったらいいなあ」と思えるものを書くことです。それらを書く時には自己否定をあえて使わないようにします。「どうせ～」とか「こんなの無理だとは思うが」などと思って書いても、エネルギーにはなりません。○年後の○の中には10年以上の長さを書くと、考えも広がります。

Ｓｔｅｐ２：理想の自社への課題を設定してみる

Ｓｔｅｐ１で記載した理想を実現するために、自社（自組織）がすべきことをまとめ、次ページの表に書き込んでみて下さい。Ｓｔｅｐ１で記入した「理想の自社（自組織）」を実現するために自社（自組織）は何に取り組んでいけばよいのか。すぐできることを書くのも一つの手ですが、ここでは、もう少し大きな視点で課題を捉え、その課題をクリアできれば、想像した未来は実現できるかもしれない、と思えるような本質的、直接的なものを書くことが大切です。

今回のワークでは、それらのブレイクダウンまでは行いませんが、出てきたものをどんどん細分化していくと、このあとのＳｔｅｐ３で記入する「自身がすべきこと」との結び付きを強め、Ｓｔｅｐ３記載の内容をより信じられるようにもなります。それこそが仕事上の自身のエネルギーともなり得るのです。

Q：理想の自社（自組織）を実現するために、自社（自組織）が取り組んでいくべきことは何でしょうか？　それぞれ三つあげてみましょう。	
①について	①—1
	①—2
	①—3
②について	②—1
	②—2
	②—3
③について	③—1
	③—2
	③—3

Step 3：課題の対して、自身がすべきことをあげる

Step 2で記入した三つずつの「自社（自組織）がすべきこと」を実行するために自身がすべきことは何でしょうか。それを考えることで現状追認型の仕事の仕方ではなく、より大きな視野で見た考えが出てくるようになります。次ページの表に書き込んでみて下さい。

いかがでしょうか？　自身が今すべきこと、思い浮かんできましたか？　それらは普段やっている仕事以外のことも入っていますか。

入っていなければそれは
（A）普段からバックキャスティングができている
（B）まだ上位概念の見方が浅い
のどちらかになります。

ここまで取り組んでいる方であれば分かると思いますが、ここで（B）と見ることが「自己否定」をきちんと使えていることに他なりません。それこそが自身をより成長させることに繋がります。

Q：自社（自組織）が取り組んでいくべきことに対し、貢献するために何をすればよいでしょうか？　それぞれ三つ挙げてみましょう。	
①－１に対して	
①－２に対して	
①－３に対して	
②－１に対して	
②－２に対して	
②－３に対して	
③－１に対して	
③－２に対して	
③－３に対して	

「そういうことをしていては、永久に答えなど出ない」と考える方もいるかもしれません。しかし、答えなど「無い」と考えるのが仕事では必要なのです。

いや、答えはある、と考える人もいるでしょう。

しかし、例えば、数学でも答えが出ているように見えますが、その答えは誰かが証明したものにすぎず、しかもそれは何かの前提が正しい場合、その答えが正しい、というだけであり、前提が変わってしまえば、答えも変わってしまうものなのです。

したがって、答えは本当の意味では「無い」からこそ、考え続けるのです。それが人として生きている中でやり続けることができるかではないでしょうか。そしてそれをやれる人こそが「成長」できている、と言えるのではないでしょうか。

トレーニング4（番外編）なぞかけで関係のない二つを並べ、上位概念で繋ぐ

「とんちなぞかけ」、見たことありますか。お笑いテレビ番組などで見たことがある人もいるかもしれません。

「○○とかけて、△△と解く。そのこころは……」そういったものです。それと概念を考える

のと、何の関係があるのか疑問に思う人もいるかもしれません。
もちろん、とんちなぞかけにはいろんなパターンがあって、言葉遊び的に同音異義語を組み合わせて、答えにするものも多く存在しています。例としてあげると、

パン　とかけて　新聞　と解く
そのこころは　……　どちらも「きじ」が重要です

しかし今回取り組んでいただきたいのはそのような内容ではありません。その話が面白いかどうかは別として、具体的な言葉が二つあり、それらを結び付ける抽象的な言葉を使って「そのこころ」としてまとめていくものです。その抽象性があるものは概念を探っていることと変わりがないのです。例として挙げると……

封筒　とかけて　道路　と解く
そのこころは　……　穴が開くと大変です
雷　とかけて　車　と解く
そのこころは　……　当たると危ないです

右記のような感じで結構ですので、取り組んでみると、言葉と言葉の結び付き（共通点）を探ることができるようになり、概念的な捉え方の練習にも繋がるのです。

では、やってみましょう。

◆セルフワーク◆
Step 1：二つのワードを結び付けてみる

以下にお題を提示しますので、取り組んでみましょう。

①お茶　とかけて　仲のいいカップル　と解く　そのこころは……

②自転車　とかけて　投資　と解く　そのこころは……

③革靴　とかけて　歯　と解く　そのこころは……

④豆腐　とかけて　人間関係　と解く　そのこころは……

いかがでしょうか？　できましたか。

（答え）

①熱いのがいいね！　②バランスが大事

③よく磨きましょう　④壊れやすいので注意

Step 2：一つのワードからなぞかけを作ってみる

以下にお題を提示しますので、内容作りから取り組んでみましょう。

①冷蔵庫　とかけて（　　　　）と解く　そのこころは……

②本　とかけて（　　　　）と解く　そのこころは……

③コピー機　とかけて（　　　　）と解く　そのこころは……

④トイレ　とかけて（　　　　）と解く　そのこころは……

答えはありません（無限にあります）。自身でこれだ！　と思うものを考え出して下さい。

Step 3：自由になぞかけを作ってみる

今度はお題もありません。自由に作品作りに取り組んでみましょう。三つほど作ればよいですね。

①

②

③

おわりに

否定は悪じゃない

本書をまとめるにあたり、編集の方からタイトルを「自己否定力」とするのはどうかという話をもらった時、最初は正直、「否定」という言葉にポジティブ感が全くなく、手に取ってくれる読者の方に、その真の意味を感じ取ってもらえるのか、不安がよぎったことは確かです。

しかし、考えれば考えるほど、

・否定があるからこそ成長がある

・否定があるからこそ物事がうまく進む

そしてこの文章もそうですが、

・否定があるからこそ考えに考え抜ける

そのことに行き着くのです。十数年間おかげ様で上場企業から、社員が5名もいない会社まで、いろんな企業のいろんな社員の人を見てきました。そのような中、仕事ができる人にはどんな特徴があるのか。いろんな観点で人を見ることにしていました。

・財務の知識がある人
・数字を使って話をすることができる人
・人の感情を動かすことができる人
・心が広い人
・喜怒哀楽がはっきりしている人
・論理的な人
・仕事のアウトプットが速い人　……

数えれば切りがありません。もちろん、右記のような人の中にも仕事ができる人はたくさんいました。しかし二つの観点で疑問が浮かんでいたのです。

一つは、右記のような内容がたとえ○と判定される人であったとしても、一方で

・なんでも理屈や圧力で説明すれば通ると思ってしまっている（論破はできても納得はさせられていない）
・会社の中で孤立してしまっている（それは周りが悪いと他者の責任にする）
・何が言いたいのかよく分からなかったりするなど、相手を真の意味で巻き込めていないケースです。

もう一つは、いわゆる業務マネジメントに長けている（＝人や時間、情報、システム、技術、ノウハウの活用が効果的である）という観点から「できる」と評価はされているのですが、人とのやり取りの場面で、激しさ、厳しさが目立ち、相手を責め続けられる、いわば「けんかに強い人」＝できる人、と判定されていることが見逃せませんでした。

その組織では、短期的には行動変容が起きるものの、離職者が相次いだり、ハラスメントトラブルを抱え、組織内が乱れてしまったりするなど、労務的な問題が噴出し、後始末をする人が大変になっているケースもありました。

短期的においしい果実（利益）を獲得することだけを考えて活動した結果、実が成らなくなった木（利益を生み出せなくなっていった事業）を作り出してしまった「一見有能な人」は一方では仕事ができない人、とも言えるわけです。

そういう疑問が残るような人が含まれずに、真の意味で仕事ができる人とはどのような人なのだろう……。

何かしっくりくる、一つのビッグワードはないのか。探しに探し続けました。

そしてついに行き着いたのが今回の本書のテーマでもある「自己否定」でした。仕事が本当にできる人は、自分を疑うことができます。そしてその疑った自分をまた疑い、いろんな部分に思いを巡らせた中で決断を下しているのです。私は読書、特にビジネス書をよく読むため、有名な経営者の方の著書も目にすることが多いのですが、取り上げられている内容を見ると、

①リスクを考えに考え抜いている
②否定に否定を積み重ねて考え抜き、そんな中でも7割ぐらいの勝機があると見極めることができれば、その時点で行動に移す
③行動に移す際、事前に撤退ライン（失敗したと見極めることができるライン）をあらかじめ決めておく
④撤退ラインに到達してしまった場合、ずるずると資源を投入せず、速やかに撤退の判断をする

などと、よく記載されています。

自分自身で決断はするものの、そこには不安、問題、いろいろあるでしょうが、それでも考えに考え抜いた結論であれば、あとは決めた通り思い切ってやるだけです。そうして結果として成功していきます。

周りは、成功したところだけを取り上げて、そのプロセスについて目に見える部分だけで測ろうとします。しかし、その裏には考えに考え抜いた「思考」があるのです。それこそが「自己否定」なのです。

言葉的にはネガティブに捉えられる「否定」ですが、実は「成功、成長のための重要なカギ」なのです。その習得には自己の客観視が不可欠です。そして、その客観視をするためにはいったん見えたものを否定し、また考える。それをやり続けることが必要なのです。

しかも、そこに時間をかけすぎず、スピーディに肯定と否定を繰り返し続けることも重要です。時間をかけすぎては良い意思決定ができません。そのスピードも重要な要素です。

本書を手にして下さった皆さんにはトレーニングを通じ、その能力の習得とスピードアップに励んでもらえれば幸いです。

自己否定力とは哲学なのか

自己肯定と自己否定のメトロノームを動かすこと、それは哲学的にも見えるでしょう。私は哲学者ではないので、詳しい所見を持ち合わせてはいませんが、哲学とは「物事を考えに考え抜き、抽象的な概念を言葉で言い表すこと」だと仮定すると、自己否定力には哲学的なプロセスを踏む部分が存在していると言えます。

自由とは何か？　幸せとは何か？　正しいとは何なのか。考えに考え抜き、自身に対して問い続けて生み出されたものこそが自身の生きる軸となり、今後のよりよい自分を作り出す原動力となるでしょう。

今はSNS全盛の時代です。一つの事柄について短絡的に考え、短いメッセージで何かを伝えておしまい、そういうコミュニケーションもキャッチボール的な対話としては大事でしょう。それさえできなくなってしまっては、自分一人が孤立してしまうだけですから。

しかし、逆に、そのやり取りだけをしていても人間的な深みは生まれませんし、たまたま何かでうまくいくことがあっても、それは長続きしないのではないでしょうか。

科学的に答えを出すことができない問題は無数にあります。もっと言えば、科学的に導き出された答えですら、「正しくない証明」が行われ、例外を示すことができれば、その答えは正しいとは言い切れなくなるのです。

答えのない世界。その中で成長していこうとするならば、自分に問いかけ、誤りがあればそこから学び、修正することが以降の成長に繋がるでしょう。言い換えると、物事を単一方向から見るだけでなく、自分の知らない世界、自分の見ていないところから別の視点で見ることができるようになれば、複雑な問題を自身で考え抜くことができるようになります。それこそが自身の成長になっていくものだと考えます。

成長していく自分になるための自己肯定↕自己否定のメトロノームをどんどん動かして、未来の自身が広がるよう、成長していきたいものですね。

すべての人にも持ってもらいたい自己否定力

今各地で戦争や紛争が相次いでいます。ウクライナとロシア、イスラエルとパレスチナ、フィリピン・ベトナムと中国……。

詳しいことは専門家にお任せするとして、なぜそのような戦争や紛争が始まり、継続してしまうのかという根本的なところについて疑問を感じてしまいます。その発端になるのは、「自分が正しい」、「自分たちが正義」という考えなのではないでしょうか。そのように国のリーダーが考えてしまい、相手を悪と決め付け、攻撃をしてしまう。なんと愚かなことでしょうか。

しかし、正義とは何なのか。なぜ自分たちに義があると言えるのか。そこを履き違えてしまうことで、結果として揉め事になってしまい、関係のない人たちまで巻き込まれて苦しんだり、死んでしまったりしている世界を私たちは見てきています。

そのような大きい話でなくとも、例えばSNSやネット掲示板などが荒れてしまう事象もよく見受けられるようになりました。いわゆる「炎上」というやつです。発端になる内容を見ると、相手の立場を考えずに、自分の感情や思いだけをそのままぶつけてしまい、それが原因で揉め事が発生する。さらにそれに対し「謝れ」、「謝らない」など、子どものけんかレベルの不毛なやり取りもちらほら見かけるような世の中です。子どものけんかの方がまだ理路整然としているケースも見かけるくらいです。恥ずかしい大人ですね。

そのようなことを引き起こしてしまう人たちにこそ本書を読んでもらいトレーニングしてほしいと思います。自分が、自分たちが正しいと思っていることを、相手がそのまま受け入れるとは限らないのです。どれだけ自分たちの主張について自己否定力を使い、自分が発信しようとしていることについて、その表現でよいのか、そもそもそのような発信や関わりは必要なのか、必要だとしてもその表現や手法、行動でよいのかなど、人間一人ひとりがくり返し自問自答していくことで、そのようなトラブルの発生は抑えられるものだと考えています。

トラブルが抑えられれば、交渉のレベルに入ることができます。その交渉の段階でも自己否定力を活用し、自分たちの思っているストーリー通りに物事が進まなかった場合に、どのような着地点で自分たちに少しでも利のある内容で、かつ相手も一定のメリットがあるレベルで物事を決着させるか。そこまで考えてやり取りができるようになれば短期的には大きな結果が出なくとも、中長期的には自身のみならず、自身が関わる組織、会社などの発展成長にも繫げることができるのではないでしょうか。

本書に書かれていることに取り組んだからと言って、すぐに目に見える成果が出てくるわけではありません。しかし繰り返しますが、トレーニングは継続が全てです。コツコツやり続けることでしか自分のスキルとして活用できるレベルには達しないということを自覚し、取り組み続けてもらいたいと思います。

皆さんの成長とそれによる周りの幸せが得られるよう願っております。

中武篤史

【もっと使いやすいワークシートで本格的に取り組みたい方】

本書のワークシートが 480 円（税込）でダウンロードできます

本書に掲載されているワークシートのうち、ページが複数にまたがっているものは書きにくいものもあろうかと思われます。
また、本に直接書き込むことに抵抗がある方、よりしっかり考えながら書きたい方もいらっしゃることでしょう。

そこで、それぞれのワークごとに1枚のワークシートとすることでより書きやすく、取り組みやすいものを別途作成いたしました。
社会人向け研修などで通常使用するシートをそのまま添付していますので、わざわざ高い研修を受講しなくても、一人で学びを得ていただける仕様です。

以下の 11 種類を 1 ワーク 1 ページずつの PDF ファイルにしたものをご購入いただくことができるようにしています。プリントアウトしてご活用いただくスタイルです。

①スキル1「ツッコミスキル」 トレーニング1
②スキル1「ツッコミスキル」 トレーニング2
③スキル1「ツッコミスキル」 トレーニング3
④スキル2「思い込み排除スキル」 トレーニング2
⑤スキル2「思い込み排除スキル」 トレーニング3
⑥スキル2「思い込み排除スキル」 トレーニング　番外編
⑦スキル3「拡散思考スキル」 トレーニング1
⑧スキル3「拡散思考スキル」 トレーニング2
⑨スキル4「相手の考えを把握するスキル」 トレーニング2
⑩スキル4「相手の考えを把握するスキル」 トレーニング3
⑪スキル5「俯瞰スキル」 トレーニング3

以下の QR コードを読み込むか、ダウンロードページ（https://yrcp.shop-pro.jp/）にアクセスすることで購入ができます。

ご自身でスキルアップしたい方向けの特別公開であり、有償、無償を問わず、商用や社内研修などで第三者に配付したり、このデータを第三者に再販売したりすることはできません。

著作権は株式会社ユアコンパスが保有していますので、その点はご留意いただいたうえで、あくまで個人でご活用ください。

中武　篤史（なかたけ　あつし）

中小企業診断士、社会保険労務士、AFP（ファイナンシャルプランナー）、調理師
1971年大阪生まれ。株式会社ユアコンパス　代表取締役。
ユアコンパス社会保険労務士事務所所長。

飲食中堅企業で店長、エリアマネジャーを経験後、人材教育会社で人材育成のノウハウを習得し元の会社に復職。出店の加速に伴い人材育成の仕組みを整備。人の定着が図りにくい飲食業界での採用、育成、離職防止に奔走。30代で統括営業部長、総務人事部長執行役員などを経験後、2012年退職し株式会社ユアコンパスを設立。
保有資格を活かした顧問先企業の経営、人事制度構築、労務面のサポートを経営者に寄り添って実施。企業向け研修講師としてマネジメント、人事評価、人材育成手法（ティーチング、コーチング）、リーダーシップ、労務管理（ハラスメント、ダイバーシティなど）、キャリア開発、思考術（創造などの発散思考、ロジカルシンキングなどの収束思考）、問題解決法、財務管理など多岐にわたるコンテンツを企業のニーズに合わせ、柔軟に組み合わせるオリジナルコンテンツに、ツーウェイ感あふれるアクティブラーニング形式を随所に織り交ぜて展開。現在はクオリティ維持の観点から年間200本を上限と決め、全国を飛び回っている。

リーダーは迷《まよ》うくらいがちょうどいい

2024年3月21日　初版第1刷

著　者／中武篤史《なかたけあつし》
発行人／松崎義行
発　行／みらいパブリッシング
〒166-0003 東京都杉並区高円寺南 4-26-12 福丸ビル 6F
TEL 03-5913-8611　FAX 03-5913-8011
https://miraipub.jp　mail: info@miraipub.jp
企画協力／Jディスカヴァー
編　集／道倉重寿
ブックデザイン／池田麻理子
発　売／星雲社（共同出版社・流通責任出版社）
〒112-0005 東京都文京区水道 1-3-30
TEL 03-3868-3275　FAX 03-3868-6588
印刷・製本／株式会社上野印刷所

ISBN978-4-434-33570-9 C0033